CURANDERISMO Y CURACIONES POR LA FE

SALVADOR FREIXEDO

CURANDERISMO Y CURACIONES POR LA FE

¿Qué fuerzas se mueven tras este fenómeno?

USHUAIA

© 1983, Salvador Freixedo
© 2026, Ushuaia Ediciones
  EDIPRO
  Carretera de Rocafort 113
  43427 Conesa
  info@ushuaiaediciones.es
  www.ushuaiaediciones.es

Primera edición: 1983
Edición actual: 2026

ISBN: 978-84-19405-72-2
ISBN ebook: 978-84-19405-73-9
Depósito legal: T 261-2026

Diseño de cubiertas, interior y maquetación: Ushuaia Ediciones

Impreso en España – *Printed in Spain*

ÍNDICE

INTRODUCCIÓN

Comenzaré este libro citando una breve noticia que apareció en 1980 en un periódico de San Juan de Puerto Rico. Según mi criterio, en ella se resume de una manera ingenua y directa un fenómeno social que actualmente está tomando gran incremento en nuestro mundo occidental y a cuyo estudio voy a dedicar esta obra.

Bajo el titular de «Curandera milagrosa», el texto dice así:

A Madame Chaton le basta con solo masajear a un enfermo con sus regordetas manos para que cese el dolor y los huesos lesionados vuelvan a su lugar. Madame Chaton vive en una aldea suiza, la misma donde anteriormente su padre realizó curaciones sin tener conocimientos de medicina. La señora cuenta 67 años y durante los últimos treinta años ha curado a miles de personas.

Su especialidad es curar casi instantáneamente fracturas y huesos doloridos. Solo exige que los pacientes no den su nombre y que no le paguen. Ella tiene la certeza de poseer poderes especiales, con los cuales quiere ayudar a los aldeanos.

Su fama se ha extendido por toda Suiza. Una vez a la semana viaja a la ciudad de Lausanne. Sentada en una sencilla silla frente a los baños públicos de la estación local, cura a quienes vienen en busca de su ayuda.

Hasta aquí la noticia, semejante a cientos de otras aparecidas en los periódicos de todo el mundo. Si bien hace algunos años tales notas periodísticas eran leídas con desdén por las personas consideradas cultas, en nuestros días aumenta cada vez más el número de gente interesada en este tipo de noticias.

Por azares del destino y porque además me interesa todo lo que supone un desafío para nuestra inteligencia, en los últimos años he estado en continuo contacto con lo que se ha dado en llamar la «otra medicina» y con todo lo relacionado directamente con personas que se dedican a la práctica de la misma.

Reconozco que es una audacia entrar en este campo enormemente profundo y vasto, con evidentes connotaciones trascendentes (religión, filosofía, ciencia, etc.), las cuales son de vital importancia para comprender en toda su hondura el misterio de la vida y el de la existencia del ser humano.

PRIMERA
PARTE

1

LOS CURANDEROS

Intentaré que el lector se haga una idea lo más clara posible de todo este complejísimo mundo del curanderismo. En primer lugar, debo decir que no es mi intención convencer a los escépticos sobre la veracidad de mis afirmaciones, ya que, según yo entiendo, el problema no radica en saber si existe o no la «otra medicina», sino en ver qué hay detrás de ella y cuál es la causa de tantas curaciones inexplicables, no solo para la medicina oficial, sino también incluso para la moderna parapsicología.

Óscar González Quevedo, S. J., en su libro *Los curanderos*[1], afirma: «Todos los curanderos son unos farsantes». Por otra parte, acepta los milagros que admite la Iglesia católica, porque en ese caso hay «una intervención divina ante la que el hombre no tiene nada que hacer sino alabar los designios secretos de la divina providencia».

Es cierto que hay curanderos farsantes, del mismo modo que hay médicos farsantes, abogados farsantes y religiosos farsantes, pero es una gran injusticia y un grave error pensar que todos los que se dedican a curar sin tener la carrera de Medicina sean unos farsantes. Es cierto que hay muchos cu-

---

[1] 1977, página 368.

randeros cuyo principal móvil es el dinero; algunos de ellos comenzaron con muy puras intenciones, pero sucumbieron ante la tentación de poder hacerse ricos gracias a su capacidad para curar y viendo la fe con que acudían a ellos los enfermos; otros comenzaron ya desde el principio con ánimos torcidos, y hasta muy bien puede ser que sin tener ningún don para curar. Los hay quienes cobran una cantidad módica, a lo cual tienen perfecto derecho, pues de algo tienen que vivir, y yo mismo he aconsejado a algunos de ellos que cobren, pues de esa manera pueden dedicar más tiempo a la evangélica tarea de curar al enfermo en vez de limitarse a dedicarle las horas que le quedan después de su trabajo. Finalmente, hay otros que no cobran absolutamente nada; de ello he sido testigo en muchas ocasiones.

Además, que un médico cobre mucho no significa necesariamente que el médico sea malo, más bien suele ser lo contrario: los médicos muy buenos son los que cobran honorarios mayores. Y el hecho de que haya demasiados médicos solo interesados en la parte económica no quiere decir que la medicina sea una farsa.

Sí es cierto también que el principal médico es el propio cuerpo. Nuestra mente inconsciente, que es la que tiene la tarea de mantener funcionando normalmente nuestro organismo, sabe también cómo repararlo cuando este se deteriora. La principal tarea del curandero (al igual que la del médico) debe ser la de activar los mecanismos que esta mente inconsciente tiene para restablecer el equilibrio en el cuerpo.

Cabe la pregunta: ¿por qué la mente inconsciente deja que el organismo se enferme, si lo puede evitar? La respuesta es que la mente inconsciente no es la única gobernadora de nuestro cuerpo; la mente consciente también tiene mucho que ver. Y cuando nuestra conducta, gobernada casi toda por la mente consciente, no es lo que debe ser (malos hábitos físicos, psíquicos o morales), a corto o a largo plazo el buen funcionamiento del cuerpo se resiente. Así pues, quien en definitiva logra la curación es el propio enfermo, pero el catalizador para que los mecanismos de su mente inconsciente se pongan a funcionar son tanto los médicos con sus tratamientos, como los curanderos con sus telergias.

En cuanto a que no hay verdaderas curaciones producidas por curanderos, se equivoca radicalmente González Quevedo. Él mismo, en muchas ocasiones, admite que hubo curación o por lo menos mejoría, pero lo achaca a otros factores; cualquier cosa menos admitir que fue el trabajo del curandero. La sugestión es el tópico más socorrido en estos casos. No niego que en muchísimas ocasiones esta sea la causa de la «curación» del paciente, pero los médicos no deben olvidar nunca que el fin último de la medicina no es aplicar tal o cual tratamiento ni tal o cual operación o medicina, sino curar al paciente de su mal. Y uno se pregunta: ¿por qué los médicos no descubrieron a su debido tiempo que el paciente se podía curar con un medio tan sencillo como la sugestión, y tuvo que venir el curandero para hacerlo? Tal como me decía un joven al que un curandero había restituido casi instantáneamente la capacidad de caminar sin muletas: «¿Por qué no me sugestionaron a mí los doctores que me atendieron en los tres hospitales en los que estuve internado?».

González Quevedo, en su afán por negar sistemáticamente cualquier capacidad que los curanderos pudiesen tener, no cae en la cuenta de que se está contradiciendo en muchas ocasiones. Él habla en sus libros una y otra vez de las increíbles fuerzas de la mente y conoce muy bien las telergias que esta puede producir y de hecho produce en los diferentes tipos de psicocinesis. Pues bien, cuando se trata de curaciones intentadas por los curanderos, parece que se olvida de todas estas capacidades humanas y no piensa que un curandero pueda ser un gran psíquico (aunque sea un psíquico inconsciente), cosa que sucede con gran frecuencia.

Permítame el lector dos citas del libro de González Quevedo y vea con qué pasión y falta de ecuanimidad trata el tema:

> El señor Maxwell, doctor en Medicina y procurador general de Burdeos, padecía de glaucoma en ambos ojos... Cuando el doctor Maxwell buscó al señor Th (un curandero), estaba ya casi ciego. Los profesores de universidad habían declarado inoperables aquellos glaucomas... Con repetidas imposiciones de manos del señor Th, durante varias semanas, quedó completamente curado. Cuando el señor Th fue acusado de curanderismo, el doctor Maxwell interpuso toda su autoridad de médico y de procurador general en defensa de su bienhechor.
>
> Algún tiempo después y ya con 77 años de edad, el doctor Maxwell fue atacado de parálisis en la mitad izquierda de su cuerpo. Varios eminentes profesores que lo examinaron fueron unánimes en declarar que aquella hemiplejía era debida a un coágulo que se le había formado en la región cervical.
>
> Siendo muy difícil disolver el coágulo por medios químicos y temiendo someterse a una delicada operación quirúrgica, el doctor Maxwell acudió a su estimado señor Th. Las sesiones «magnetizadoras» por imposición de manos se realizaron ante el médico asistente y un profesor de la facultad de Medicina de Burdeos. En la quinta sesión el coágulo ya estaba disuelto, de suerte que ya no ofrecía ningún peligro para la circulación. El doctor Maxwell estaba curado.
>
> Serían realmente curiosas tales «curaciones» parapsicológicas...[2]

---

2 Op. cit., página 143.

Ante un hecho tan contundente, González Quevedo solo tiene como explicación una frasecita medio chistosa y tres puntos suspensivos, después de haber puesto entre comillas, como es su costumbre, las palabras «magnetizadoras» y «curaciones», como para no hacerse cómplice de ellas.

Todavía otro ejemplo[3].

La señora B sufre un edema muy desarrollado y extendido en la pierna izquierda. Su estado empeoró aun con las inyecciones de sales de quinina, así como después de un tratamiento eléctrico de alta frecuencia. Visto que el tratamiento eléctrico resultaba contraproducente, el doctor D y sus cinco colegas del hospital Cochin declararon la enfermedad incurable.

La paciente acude entonces al famoso curandero Charles Parlange, y este empieza a imponer diariamente las manos sobre la pierna afectada. Los dolores, que eran intolerables, desaparecieron a las primeras «magnetizaciones».

González Quevedo comenta a renglón seguido:

Bien, el dolor puede suprimirse fácilmente por efecto de la sugestión. (Parece que los médicos no sabían esto).

Y continúa González Quevedo:

Pero lo admirable del caso es que el edema fue cediendo lentamente y al cabo de un mes y medio de imposiciones diarias de las manos del curandero, la curación era total, con gran admiración de los dermatólogos.

---

[3] Op. cit., página 149.

Izquierda: Gonzalo Aguirre (de blanco), el curandero más famoso de Veracruz y probablemente de todo México, junto a Salvador Freixedo.
Derecha: Gonzalo Aguirre diagnosticando a una paciente. En ese momento le está trazando unas rayas en la palma de la mano.

Esta vez sí da la impresión de que el jesuita se impresionó algo porque escribió la palabra «curación» sin ponerle comillas. Pero parece que no le duró mucho la impresión, porque seguidamente nos dice que aquella curación fue excepcional. Y en esto también peca de falta de objetividad González Quevedo, porque Parlange hizo muchísimas otras curaciones por el estilo de esta. Con tales prejuicios, no se puede juzgar correctamente un hecho tan vasto y tan profundo como el curanderismo.

Si ante hechos que pueden explicarse mejor o peor mediante telergias emitidas por los curanderos mi excompañero de carrera eclesiástica se muestra escéptico, ¿qué no hará ante otros mucho más difíciles de explicar y en los que en cierta manera está involucrado el dogma cristiano?

Analicemos el siguiente caso contado por él.[4]

---

4 Op. cit., página 161.

El reverendo padre Trilles, misionero en África, describe en detalle una escena típica de curandero entre las tribus africanas. El *pagé* o jefe anuncia primero su fórmula mágica que va a aplicar enseguida. Después, entra en trance y danza hasta quedar agotado. Durante la danza anuncia el trasplante de la enfermedad de alguno de los pacientes en el cuerpo de un animal o en un árbol.

Es una ceremonia de las más extrañas. Se ve al enfermo calmarse poco a poco bajo el efecto de los pases magnéticos y, después de haber sudado abundantemente (¡por la esperanza angustiada!), dormirse tranquilamente (¡hipnotizado o sugestionado!) mientras el animal tiembla, gime y se echa por tierra quedando rígido de repente y cayendo como una masa inerte; muchas veces muere agitado por estremecimientos convulsivos. En este caso suelen usar un cabrito o un perro muy estimado por el enfermo.

Vimos hacer esto a un babalong de la tribu fang. Uno de nuestros catequistas, Paulo Nsoh, había cogido una fiebre álgida o fiebre de los bosques y que es muy grave.

La quinina no producía efecto alguno. El babalong mandó que lo colocasen debajo de un árbol de hojas grandes, y seguidamente ejecutó los pases rituales primero en el enfermo y después en el árbol. Al poco tiempo, las hojas se pusieron negras y se le cayeron. El enfermo sudaba copiosamente. Al día siguiente, estaba curado.

Continúa González Quevedo, una vez terminada la narración del misionero:

Los *pagés*, babalones, chamanes, curanderos, etcétera, siempre son auténticos charlatanes o megalomaníacos, y llegan a hacerse profesionales en trucos...

Toda aquella pantomima es muy fácil y conocida por los especialistas. Basta envenenar de antemano al animal o al árbol.

Luego González Quevedo se da cuenta de que la explicación que está dando es un poco difícil de admitir. Por eso explica:

> ... tratándose de un árbol, hay que hacerlo con bastante anticipación, con una droga de efecto progresivo. El hechicero sabe muy bien cuándo comenzarán a mostrarse los efectos. Pero el truco impresiona al paciente muy favorablemente.
>
> No negamos que el paciente, impresionado por este truco, pueda «curar»; pero psíquicamente, no por ningún trasplante real de la enfermedad, de los malos fluidos o del espíritu desencarnado... La muerte «mágica» del animal o del árbol es solo para sugestionar al paciente.
>
> En todo esto no se sabe qué admirar más, si la astucia de los curanderos o la ingenua credulidad de los pacientes y testigos.

Y en verdad que no se sabe qué admirar más, si la sabiduría del jesuita que se sabe todos los trucos habidos y por haber o su incapacidad de analizar los hechos objetivamente y sin prejuicios.

La palabra «fluidos» (tan cara a los espiritistas) le resulta especialmente antipática a González Quevedo, porque, según parece, no tiene la bendición del dogma cristiano. Sin embargo, las «telergias», de las que tanto habla en sus libros, tienen su total aprobación, y también la de la ciencia, sin caer en la cuenta de que ambas palabras están designando una misma cosa. Si Pierre Girard mueve objetos a distancia, González Quevedo lo admite porque es una «telekinesis», un hecho científico. Si san José de Cupertino se eleva por los aires, González Quevedo lo admite, porque es una «obra divina» y la Santa Madre Iglesia así nos lo enseña. Pero si un curandero cura, González Quevedo se enfada, porque el curandero no es más que un farsante ávido de dinero que utiliza un burdo truco; y porque además los únicos que pueden curar legalmente son los médicos con título universitario. (Señalemos que la palabra «universitario» hace caer en trance a González Quevedo).

Si el ilustre jesuita fuese más objetivo en sus apreciaciones y dejase por un momento sus aires de cruzado antiespiritista, podría ayudar mucho a descifrar este gran enigma, pues no se puede negar su gran erudición en cuanto a la fenomenología del curanderismo. Es una lástima que no haya sido capaz de trascender la rígida teología que tanto a él como a mí nos enseñaron los padres jesuitas en la Universidad Pontificia de Comillas.

2

JUICIO OBJETIVO
SOBRE EL CURANDERISMO

Antes de entrar en materia, y para adelantarle al lector cuál es mi manera de enjuiciar todo ese fenómeno, he aquí un resumen:

1. Todos tenemos la capacidad de curarnos a nosotros mismos y a otros, al igual que todos tenemos la capacidad de nadar; pero únicamente llegarán a nadar los que desarrollen esta capacidad.

2. Es indudable que hay personas que tienen esa capacidad de curar en mayor grado que otras, y algunas nacen ya con esa capacidad muy desarrollada.

3. Se dan curaciones reales e inexplicables para la ciencia médica.

4. Algunas de esas curaciones son totalmente increíbles, por las circunstancias en que están hechas y por lo difícil de la situación.

5. Estas curaciones no pueden ser enjuiciadas por las normas que rigen en la medicina, ya que están hechas conforme a leyes totalmente diferentes (desconocidas

por la medicina universitaria y desconocidas incluso por los mismos que las practican).

6. Los curanderos no siempre curan.

7. Un elevado porcentaje de sus intervenciones no tiene resultado positivo.

8. Frecuentemente sus intervenciones solo obtienen resultados temporales, volviendo finalmente el enfermo al mismo estado inicial. (Sin embargo, incluso en muchos de estos casos hay que admitir que hubo un hecho paranormal).

9. Hay grandes diferencias entre los diversos curanderos: diferencias en sus motivaciones, en sus métodos, en las energías o leyes que manejan y en sus resultados.

10. Hay que admitir la existencia de muchos curanderos cuyo móvil principal, incluso único, es el dinero.

11. Uno tiene que informarse bien a la hora de decidirse a ir a ver un curandero.

12. Deben evitarse los curanderos que cobran grandes cantidades de dinero, por mucha fama que tengan y aunque prometan hacer grandes curaciones.

13. Los que no cobran (o cobran cantidades módicas) tienen muchas más probabilidades de que sean auténticos.

14. Hay una gran cantidad de personas ante cuyas dolencias la medicina oficial no había podido hacer nada y hasta las había desahuciado que han recobrado totalmente la salud o se han mejorado notablemente debido a la intervención de algún curandero.

15. En todas las religiones y en todas las sectas (por absurdas que sean sus creencias) se han dado y se siguen dando curaciones paranormales que desafían toda explicación médica. Por supuesto, los fieles de

cada religión o secta las atribuyen a diferentes causas y personajes sagrados, de acuerdo con sus creencias. Pero la causa profunda es la misma que actúa en los curanderos no religiosos y que cobran.

Esto es lo que pienso, de manera general y resumida, de todo el fenómeno del curanderismo o de la «otra medicina». En cuanto a cómo pueden realizarse hechos que van en contra de toda lógica, dejo su explicación (o su intento de explicación) para la última parte de esta obra.

Comencemos ahora por analizar el fenómeno en sí.

SEGUNDA
PARTE

1

DIVERSOS TIPOS
DE CURACIONES

Distinguiremos aquí ocho tipos de tratamientos paranormales de curación encaminados a devolver la salud al cuerpo del enfermo y evitar también que contraiga cualquier enfermedad. Estos tratamientos son los siguientes:

- Limpias.
- Psicodiagnósticos.
- Curaciones por la fe.
- Operaciones con las manos, sin instrumentos.
- Operaciones hechas con instrumentos.
- Tratamientos meridiánicos.
- Curaciones a distancia.
- El cerebro humano como curador.

Dejo de incluir la macrobiótica, la herboristería, la hidroterapia, la homeopatía, el electromagnetismo y multitud de otros tratamientos o sistemas de vida relacionados con la salud, pues aunque podrían llamarse con toda propiedad «tratamientos paranormales» por la poca aceptación que tienen todavía en la medicina oficial, para entender tales

tratamientos no hace falta recurrir a explicaciones estricta-
mente parapsicológicas o trascendentes.

Teniendo en cuenta que el ser humano es un todo
mente-cuerpo, la medicina oficial debería aceptar de una
vez por todas que la mente juega un papel sumamente importante en los fenómenos paranormales de la curación, y
que esta mente está regida por unas leyes de las que todavía
desconocemos su mecanismo y sus límites.

2

LIMPIAS

Como su nombre indica, las limpias consisten en limpiar el cuerpo (o los cuerpos) y el espíritu. Algo así como cuando el cuerpo se baña y queda libre de toda la suciedad, polvo e inmundicias que pudiera tener.

Por lo general, las limpias no llegan a tener la importancia de las curaciones. Se limitan a desintoxicar al individuo de todas las malas influencias O defectos superficiales que pueda tener en su organismo o en su alma. Sin embargo, puede haber limpias que tengan más importancia para la curación del individuo que cualquier otro tratamiento corporal.

Y aquí debo hacer referencia a algo que la medicina oficial ignora totalmente, pero que en la «otra medicina» tiene una importancia vital.

El lector habrá notado que al inicio de este capítulo he añadido «o los cuerpos», y hago notar eso para destacar que la medicina oficial prescinde por completo de estos otros cuerpos, y prácticamente ha negado su existencia hasta ahora. Sin embargo, para la mayor parte de quienes practican la medicina «heterodoxa», la existencia de estos otros «cuerpos» que circundan o penetran el cuerpo humano visible no es solo una cosa cierta, sino que su importancia es vital cuando se trata de curar el cuerpo visible.

Y digo el cuerpo visible y no el cuerpo físico, porque estos otros cuerpos también son físicos. Y si bien hasta ahora no teníamos manera de verificar su existencia mediante instrumentos, en la actualidad varios científicos heterodoxos ya disponen de algunos aparatos específicos, como la cámara Kirlian y los supervoltímetros utilizados por los doctores Harold Burr y Leonard Ravitz para medir los «campos de vida» (*L fields*). Y también los interesantísimos instrumentos ideados por George de la Warr, como por ejemplo el polígrafo, y toda la serie de aparatos inventados por Cleve Backster.

Hablando genéricamente, podemos afirmar que esos «cuerpos» son de naturaleza electromagnética. Algunos de ellos dependen totalmente del cuerpo físico visible, de modo que variarán en la medida en que varíe aquel.

Pero hay otros «cuerpos» que no dependen del cuerpo visible sino que, por el contrario, es el propio cuerpo visible quien depende de ese sutil cuerpo electromagnético que en cierta manera impregna al cuerpo físico visible.

Para algunos médicos e investigadores heterodoxos ya no resulta ningún misterio el que muchas enfermedades se originen y se manifiesten en ese «cuerpo electromagnético» antes que en el cuerpo visible. Si logramos descubrirlas y atajarlas cuando aún están en el primero, conseguiremos que no lleguen a manifestarse en el cuerpo físico visible.

Hace ya bastantes años, y en virtud de ese principio, en el hospital Bellview de Nueva York un médico fue capaz de detectar muchos cánceres antes de que estos se manifestasen exteriormente.

Las diversas variaciones de esos «cuerpos electromagnéticos» determinan qué tipo de enfermedad va a manifestarse en el cuerpo físico, permitiendo de esta manera ayudar al organismo antes de que la enfermedad se haga más evidente.

Esa puede ser una clave para explicar el origen psíquico de muchas enfermedades, ya que estos cuerpos invisibles (llámense etéricos, áuricos, dobles astrales, etc., según las diversas escuelas) son mucho más influenciables por la mente que el propio cuerpo visible.

Las limpias y buena parte de las curaciones practicadas por los curanderos o sanadores van directamente dirigidas a estos cuerpos «etéricos», los cuales se encargan de transmitir su mejoría al cuerpo físico visible.

Otra cosa que la medicina oficial no tiene en cuenta es la existencia de verdaderos ríos de energías sutilísimas que recorren continuamente todo nuestro cuerpo físico visible, unas corrientes «supereléctricas» indetectables con los instrumentos físicos convencionales.

Estos ríos de energías están sujetos a los mismos accidentes a que están sujetos los ríos de nuestra geografía: pueden tener inundaciones y pueden tener estiaje o sequía. En el primer caso, la corriente inundará vastas regiones de terreno, y, en el segundo, su cauce quedará vacío, causando en ambos casos daños a los terrenos circundantes.

Por otro lado, cuando el fluir de estas sutiles energías por el cuerpo humano se ve obstaculizado, se forma un bloqueo energético que indefectiblemente tendrá sus consecuencias en el cuerpo físico. En otras palabras, se manifestará en forma de alguna enfermedad.

En otras ocasiones sucede que la energía que fluye por el cuerpo no es todo lo abundante que debiera ser, y el cuerpo físico igualmente lo acusará mediante alguna enfermedad, consecuencia de esta falta de energía; en este caso la curación radical de la enfermedad consiste simplemente en proporcionar al cuerpo la energía que le falta.

Pero la medicina oficial no sabe cómo bregar con esta energía, ya que no se trata de la misma energía que adquirimos cuando ingerimos proteínas o cualquier reconstituyente o antianémico, lo mismo que tampoco sabe cómo desbloquear las acumulaciones de energía, haciendo que esta fluya libremente, ya que esta «superelectricidad» no se rige por las leyes conocidas hasta ahora.

Y al hablar de esta energía nos estamos refiriendo ni más ni menos que a los «fluidos» de que tanto nos hablan algunos curanderos y que tanto enfadan a González Quevedo. Es la misma energía de que hablaba Mesmer en el siglo XVIII y a la que llamaba «magnetismo animal». La misma con la que Juan Blance, en las Filipinas, es capaz de abrir la piel de un paciente desde una distancia de veinte centímetros con solo señalarla con el dedo. Es probablemente la misma energía que consume en unos minutos los cuerpos de las víctimas en las llamadas combustiones espontáneas. Es la misma energía con que algunos psíquicos hacen crecer una planta en una tercera parte del tiempo normal. Es la misma energía que contiene el agua «energetizada» por la mente humana, capaz de preservarnos y hasta de curarnos de cualquier enfermedad. Y es la misma energía que en tiempos pasados los antiguos sacerdotes transmitían a los jóvenes ordenados a través de la «imposición de manos», rito que la Iglesia católica ha conservado por pura tradición y que continúa aún practicando rutinariamente el día de la ordenación, aunque sin saber el verdadero origen y significado de tal ceremonia.

Y al afirmar que se trata de la misma energía, no quiero decir que sea exactamente la misma energía de una manera genérica, sino de la misma manera que comúnmente usamos la expresión «corriente eléctrica» para designar indistintamente corriente alterna o corriente continua y corriente de 500 voltios, de 9 voltios o de 10 000 voltios.

Aunque no sepamos de qué clase de corriente se trata, por lo menos ya sabemos que hay unas corrientes de energía que hasta hace poco desconocíamos y de las que la ciencia oficial ignora todavía su esencia.

Más adelante abundaremos sobre esta misteriosa energía presente en todos los seres humanos, sobre todo en los sanadores, y de una manera especial lo haremos al referirnos a la acupuntura, que es la ciencia que sabe cómo hacer fluir esta energía.

Resumiendo: el ser humano está compuesto por el cuerpo físico y por otra urdimbre, también física, que contiene una «super materia» compuesta de campos energéticos, depósitos, intersecciones y canales por los cuales fluyen unas energías sutilísimas y a la vez potentísimas que condicionan la base del cuerpo visible. Y ordenándolo todo están la mente y el espíritu, haciendo que el ser humano pueda trascender su propio organismo.

Pero volvamos a las limpias. Estas se dirigen preferentemente a estos cuerpos invisibles.

De las varias maneras de practicar estas limpias, la más corriente es la que se hace por medio de «pases», es decir, pasando las manos del psíquico a escasa distancia del cuerpo que se quiere «limpiar» y haciendo con frecuencia el ademán de recoger o atraer algo que estuviese en el interior del cuerpo, sacudiendo seguidamente las manos con fuerza, como lanzando o soltando algo que se hubiese pegado a las mismas.

Estos pases, repetidos muchas veces, suelen ir acompañados de algún tipo de invocación cuyo contenido es de origen cristiano, aunque lo bastante alejado de la ortodoxia católica.

En ocasiones, el que practica la limpia lo hace valiéndose de plantas; estas plantas son de una clase específica que variará según el curandero. En limpias especiales, es el curandero mismo el que las va a recoger al monte. El manojo de plantas o hierbas es pasado repetidamente por todo el cuerpo y se supone que al fin del tratamiento o rito las plantas han recogido «las malas vibraciones» del enfermo, o las plantas han ayudado a que el cuerpo se libere de las malas influencias a que estaba sujeto.

He usado la palabra «rito» porque algunas limpias tienen todo el aire de un rito religioso en el que en vez de invocar directamente a un Dios personal, se invoca al dios-naturaleza presente en todas las cosas y se trata de practicar sus leyes profundas mediante el uso de todas las fuerzas ocultas en las criaturas de la naturaleza. Por eso, muchas veces, junto al acto de pasar las manos o el ramillete de plantas se practican otras ceremonias que no tienen sentido si se contemplan con una mente rígidamente «científica» pero que nos recuerdan a las ceremonias que se practican en el seno de todas las religiones, incluido el cristianismo.

Recuerdo las limpias que en el estado de Veracruz (México) le vi practicar a un anciano indio: el cuate Chagala. Las practicaba con unción, con reverencia, casi con ternura. Utilizaba hierbas y preparaba un buche de un líquido aromático que luego rociaba con fuerza sobre la persona a quien abrazaba mientras se ponía a recitar unas invocaciones ininteligibles.

Otro tipo de limpias es el que se hace usando animales (por lo general aves) en vez de plantas o también además de ellas. En este caso es el animal el que se supone que carga con las dolencias o defectos de la persona. Y para los que se sonrían ante tamañas ingenuidades, les recordaremos que en la Biblia nos encontramos con cosas muy semejantes, mandadas por el mismo Dios, que Moisés prescribía al pueblo israelita para limpiarlo de sus pecados.

Oiga el lector una «limpia» sagrada tal como Yahvé se la prescribe a Moisés en el capítulo 14 del Levítico, versículo 1 y siguientes:

Yahvé habló a Moisés diciendo: Esta será la ley del leproso para el día de su purificación mandará tomar para el que se ha de limpiar dos avecillas vivas, puras, madera de cedro, un hilo de púrpura e hisopo; degollará una de las aves encima de una vasija llena de agua viva; y tomando el ave viva, el cedro, el hilo de púrpura y el hisopo, los mojará, lo mismo que el ave viva, en la sangre del ave degollada encima del agua viva; aspergerá siete veces al que ha de ser limpiado de la lepra y le declarará puro, dando suelta en el campo al ave viva...

Y continúa en el versículo 10 y siguientes:

El día octavo tomará dos corderos sin defecto y una oveja primal sin defecto y tres décimos de flor de harina amasada con aceite, más una medida de aceite. El sacerdote que haga la purificación [la limpia] presentará ante Yahvé al hombre a la entrada del tabernáculo, tomará uno de los corderos y la medida de aceite y la agitará ante Yahvé; enseguida degollará el cordero, y tomando la sangre untará de ella el lóbulo de la oreja derecha del que se purifica y el pulgar de la mano derecha y del pie derecho. Tomará enseguida la medida de aceite y echando de él en la palma de su mano izquierda, meterá el índice de su mano derecha en el aceite que tiene en la palma de su mano izquierda y hará con él siete aspersiones ante Yahvé. Después, del aceite que le queda en la palma, untará el lóbulo de la oreja derecha del que se limpia y el pulgar de la mano derecha y del pie derecho, encima de la sangre de la víctima; el resto del aceite que le quede en la palma lo echará sobre la cabeza del que se limpia, cumpliendo así la expiación ante Yahvé...

Izquierda: Josefina se dispone a romper el huevo después de haberlo pasado repetidamente por el cuerpo del consultante.
Derecha: Valiéndose de un palo, Josefina examina el contenido maloliente del huevo.

Y sigue durante todo el resto del capítulo dando unas instrucciones semejantes. El que en vez de aves quiera ver «vacas rojas» o «machos cabríos» para practicar las limpias, que lea el capítulo 19 del libro de los Números y todo el Pentateuco.

Uno tiene todo el derecho a preguntarse: ¿en qué se diferencian estas limpias mandadas por Yahvé de las que practican muchos pueblos en la actualidad? Aparte de que no puede uno menos de pensar que si esto no es magia, que venga Yahvé a explicárnoslo.

Sin embargo, las limpias más espectaculares y que más me han hecho pensar son las practicadas con huevos, que generalmente suelen ser de gallina. Se las he visto hacer a cinco personas en lugares diferentes de México.

Con ligeras variantes, lo fundamental de una limpia con huevo suele ser lo siguiente: la persona que se va a limpiar

Izquierda: Dependiendo de lo que salga, Josefina interpreta el estado de salud corporal o espiritual del consultante.

Derecha: El vaso con el contemdo queda sobre la mesa, de modo que puede ser observado por el consultante.

lleva el huevo de su casa. Cuando le toca el turno, a menudo después de bastantes horas de espera, la curandera (en mi caso todas eran mujeres menos uno) toma el huevo en sus manos y comienza a pasarlo por todo el cuerpo de la persona que va a ser limpiada.

En el caso de las dos limpiadoras más famosas (Rosita y Josefina), ambas recitan toda una serie de invocaciones monótonas mientras pasean el huevo por todo el cuerpo. Pasados unos momentos se lo dan al paciente para que lo sostenga él mientras ellas dan violentos pases con las manos. Enseguida vuelven a sus invocaciones de contenido cristiano-espiritista, que durarán más o menos tiempo dependiendo del mal que ellas detecten en la persona. A veces las he visto desfallecer después de un rato y confesar que no pueden hacer nada.

Por fin, encima de un vaso medio lleno de agua rompen el huevo que por lo general contiene (de una manera simbólica) el mal o la dificultad que estaba experimentando la persona.

Lo que va a salir del huevo es impredecible. He visto salir de él, estando a pocos centímetros, aceite, vinagre, tierra, ceniza, agua, sal, una corbata, una media de mujer, un cinturón, un pedazo de vestido, ron o tequila, un amasijo de pelos malolientes, una vela de cera y hasta una especie de gusano vivo. Amigos que me merecen toda la confianza me han dicho que en otras ocasiones ellos han visto salir una especie de alacrán y una pequeña serpiente que comenzó a reptar por el suelo en cuanto se vio libre. Por lo que parece, estos animales mueren a los pocos momentos de salir del huevo.

En varias ocasiones, en cuanto se abrió el huevo he sentido una gran pestilencia que llenó el ambiente, cosa extraña, ya que los huevos son frescos.

Y otro detalle sumamente interesante: a veces uno ve cómo el objeto va creciendo a medida que va saliendo del huevo, de modo que, una vez fuera, sería prácticamente imposible volverlo a meter dentro.

Naturalmente, en este tipo de limpias (al igual que en otras en las que hay materializaciones de objetos) uno tiene que estar muy atento, ya que es bastante fácil el truco, y más cuando uno no conoce muy bien a la persona que ejecuta la limpia. Mediante trucos se puede fingir prácticamente todo, y hay que confesar que en el mundo de lo paranormal los trucos y las mentiras superan a los hechos auténticos.

Los huevos pueden ser preparados, es decir, se les puede meter dentro, mediante una técnica especial, varias cosas. Esta técnica consiste en sumergir durante varias horas en vinagre el huevo; la cáscara entonces se volverá completamente blanda, de modo que se puede sajar, vaciar el contenido, meter dentro lo que se quiera y volver a juntar los bordes de modo que no se note absolutamente nada. Esta técnica, que no es nada fácil para el que la quiera practicar por primera vez, es sin embargo perfectamente posible y de hecho muy bien conocida por algunos ilusionistas y embaucadores que la practican asiduamente como parte de su oficio.

Sin embargo, en algunos de los casos que he presenciado me tomé el trabajo de marcar bien el huevo y de observarlo una vez abierto a ver si la cáscara conservaba la marca que yo le había hecho. En otro de los casos se observó el huevo por rayos X inmediatamente antes de ser usado y se vio que no contenía nada fuera de lo normal; sin embargo, cuando Rosita lo abrió, después de practicada la limpia, tenía una sustancia extraña totalmente diferente de la clara y yema ordinarias. He visto cómo a esta misma mujer a veces, en medio de la limpia y sin ninguna causa aparente, el huevo le ha explotado entre sus manos.

Entre las muchas dudas y preguntas que ante estos hechos surgen, creo que la más importante es si las limpias sirven para algo o no. Dicho en otras palabras: ¿hacen algún bien al ser humano estas limpias, o son puras acciones sin contenido alguno y debidas únicamente a la superchería de unos cuantos vivos y a la ingenuidad del pueblo?

Para la gran mayoría de los parapsicólogos «científicos» (lo cual no quiere decir forzosamente que sean buenos parapsicólogos) y para todos los que se consideran a sí mismos científicos «puros» (es decir, desconocedores de las infinitas leyes parafísicas que existen en el mundo y convencidos de que nuestra realidad es la única realidad), indudablemente estas limpias y cualquier otra cosa semejante son un puro embeleco en el que se aúnan el fraude y la bobaliconería.

Pero las cosas no son tan simples como piensan estos señores que aparentan tener el monopolio de la ciencia. Dejando aparte el indudable valor psicológico y subjetivo que

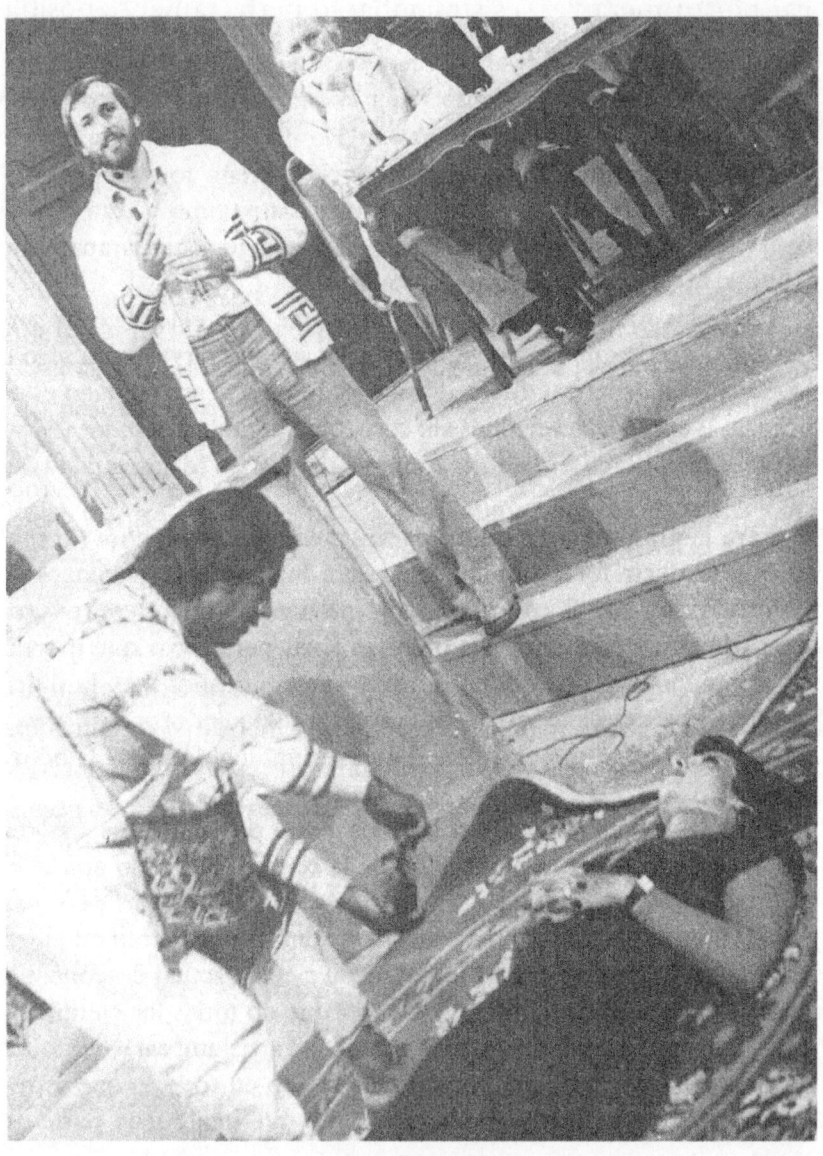

Un indio huichol (México) practica una limpia en presencia de muchos testigos. Al no hablar castellano, un funcionario que trabaja con ellos explica a los presentes el significado de las diversas ceremonias.

para muchas personas representan estas limpias, tenemos que admitir que entran en juego otros factores físicos y otras leyes que la ciencia actual desconoce y que solo los científicos inteligentes (porque no todos los científicos son inteligentes) comienzan en la actualidad a vislumbrar.

Sin embargo, hay que ser muy precavido en todo lo que se refiere a las limpias que se practican. Creo que una buena parte de ellas las practican individuos que las utilizan con el único propósito de ganar dinero. Es muy fácil fingir gestos y posturas teatrales y hasta preparar «compuestos de hierbas»; la buena fe de la gente, su deseo de curar, su sugestionabilidad, el origen directamente psíquico de muchos de sus achaques, etcétera, se encargan de buena parte de las «mejorías» y «curaciones».

Por otro lado, muchos curanderos no practican su oficio movidos primariamente por un deseo de lucro, sino bajo una especie de alucinación: creen sinceramente (debido a muchas circunstancias) que ellos tienen «poderes» o que poseen el «rito» exacto para hacerlo, que les fue transmitido por tal o cual anciano o indígena. Sin embargo, a mi juicio, todo es pura imaginación, y si el rito tiene algún efecto es sin duda debido a la mente (sugestionada mediante la limpia) del que quiere sanar.

Pero esto no quiere decir que en todas las limpias ocurra lo mismo; creo que algunos individuos sí tienen la capacidad de influenciar los cuerpos electromagnéticos y de hacer que la energía fluya equilibradamente a través de todo el organismo, siendo esta la causa de que la persona enferma se sienta aliviada y hasta que se cure de su dolencia.

Y como colofón de este capítulo, diré algo sobre las limpias practicadas por los indios huicholes de México. A decir verdad, más que limpias son todo un arte médico, ya que es la manera que ellos tienen de curarse.

Prescindiendo del uso de plumas y hierbas, más o menos común en todo este tipo de curaciones, me fijaré en la curiosa práctica de «chupar el mal» que también encontramos en tribus africanas y de Indonesia. Así, una vez que el sacerdote-curandero ha practicado todos los ritos preparatorios (en los que intervienen indefectiblemente plegarias, cantos, danzas y el uso de objetos de la naturaleza que aparentemente no están relacionados con la enfermedad), el curandero se inclina sobre el enfermo y, acercando sus labios a la piel de este (preferentemente en la parte enferma), hace el ademán de succionar, como queriendo chupar el mal a través de la piel.

Este acto es indudablemente simbólico pero, tal como sucede muchas veces en el mundo de lo paranormal, es un símbolo eficiente, es decir, la cosa no se queda en que el curandero haga ademán de succionar y nada más: lo curioso e increíble es que el curandero, acto seguido, escupe de su boca los objetos más extraños, como si en realidad los hubiese chupado a través de la piel. Muchas veces estos objetos no tienen relación alguna con la enfermedad que se pretende curar, y lo que con más frecuencia sale de la boca de los curanderos son pequeñas piedras o granos de maíz. Se trata de simples «materializaciones», de las que hablaremos repetidamente a lo largo de esta obra.

3

PSICODIAGNÓSTICOS

Sabemos que tanto en la medicina oficial como en la heterodoxa existe un paso previo e insoslayable a cualquier tratamiento médico. Nos referimos a lo que se denomina «diagnosis», es decir, la determinación exacta de cuál es el mal que aqueja al enfermo.

En la medicina oficial existen diversas y numerosas maneras y métodos para diagnosticar. La elección de los mismos depende principalmente de los síntomas que presente el enfermo. Y debemos reconocer que, en cuanto a eso, la medicina ha avanzado enormemente en los últimos tiempos, y en parte sigue avanzando gracias a la ayuda prestada por los adelantos de la electrónica.

Sin embargo, y siendo el cuerpo humano una máquina tan compleja, con sus componentes físicos y los factores psíquicos invisibles que ejercen una enorme influencia, en muchísimas ocasiones los médicos no pueden evitar quedarse perplejos ante los síntomas que se presentan. Y es precisamente aquí donde la psicodiagnosis (diagnóstico hecho por un psíquico o por una persona con el don de la telepatía o de la clarividencia) puede prestar su ayuda incalculable.

Pero antes de seguir adelante, convendrá hacernos la pregunta: ¿es posible que una persona, sin utilizar los mé-

Gerard Croiset, famosísimo psíquico holandés recientemente fallecido, cuyas dotes de clarividencia ayudaron no solo a la policía en muchísimos casos, sino también a los mismos médicos a descubrir enfermedades. Croiset fue examinado repetidamente por científicos de varias universidades, los cuales dieron fe de sus cualidades paranormales.

todos propios de la medicina oficial, sin conocer a veces nada de medicina y hasta sin estar presente ni haber visto en su vida al paciente, pueda determinar con seguridad cuál es la enfermedad de este? La respuesta es afirmativa, aunque habrá que hacer algunas salvedades y anteponer muchas condiciones.

Note el lector que estamos hablando de la mera posibilidad de que tal fenómeno exista o pueda existir. Afirmar que ello es posible y que de hecho existe no significa que estemos aconsejando a todo el mundo que se haga diagnosticar por un psíquico en vez de acudir a un médico normal. En caso de unos síntomas más o menos corrientes y conocidos, lo más prudente será acudir a un médico que tenga a su alcance los conocimientos y medios que le brinda la medicina oficial. Acudir a un diagnóstico psíquico (al igual que acudir a un curandero) debería hacerse solo en determinadas ocasiones, cuando coincidan circunstancias muy especiales y cuando la medicina académica se haya declarado impotente tras haber agotado todos los recursos a su alcance.

Hay muchos enfermos que tras haber acudido a diferentes médicos, estos no se ponen de acuerdo en cuál es el mal que aqueja al paciente. Así ocurre, por ejemplo, con algunos enfermos de cáncer: cuando tras un prolongado tratamiento la medicina oficial se ha mostrado incapacitada para ese tipo de enfermedad, y además el paciente no ha logrado mejoría alguna tras los correspondientes tratamientos, con toda lógica, y con todo derecho, el interesado puede acudir a un curandero.

Así pues, y resumiendo, diremos que solo tendrá sentido acudir a un psíquico para que nos haga un diagnóstico cuando los médicos, tras repetidos intentos, no aciertan a dar con el mal que nos aqueja o no logran dar con el tratamiento adecuado para el mismo.

Al hablar de los métodos que los psíquicos utilizan para hacer sus diagnósticos, entramos de lleno en el campo de la parapsicología, pues aunque tales métodos difieren bastante entre ellos, todos pertenecen al campo de la fenomenología de lo paranormal, cuyo estudio corre a cargo de la parapsicología.

En presencia del enfermo, algunos psíquicos «sienten» en su propio cuerpo la dolencia de aquel; otros captan esta dolencia de la mente consciente o inconsciente del enfermo (dependiendo de si este conoce o no su enfermedad); otros, en cambio, la «ven», ya sea en los colores del aura que circunda el cuerpo de la persona enferma o directamente en la parte del cuerpo afectada, a menudo en forma de manchas de diversos colores que naturalmente el psíquico debe interpretar. Estos colores no tienen que ser necesariamente los mismos para todos los videntes, aunque cada vidente mantiene fijos los suyos propios, y a medida que avanzan por la vida suelen mejorar sus habilidades para interpretar lo que ven.

En principio todos somos capaces de «ver» el aura, aunque ciertamente la mayoría de las personas nunca llegan a desarrollar esa cualidad innata. Sin duda, el entorno sociocultural suele contribuir a inhibir esa potencial cualidad, llegando incluso a destruirla al juzgarla como cosa mala o propia de personas incultas, cuando no la califican de demoníaca.

Sin embargo, las personas que han nacido con ese don y que han tenido la suerte de encontrar a alguien que las ayude a desarrollar dicha facultad, pueden aprovecharla, entre otras cosas, para detectar ciertas enfermedades de algunas personas. Y como más tarde han tenido ocasión de comprobar que sus «corazonadas» eran siempre reales, han terminado por admitirlas como un elemento normal en sus diagnósticos.

Los grandes curanderos suelen ser capaces tanto de detectar una enfermedad como de curarla, pero hay muchos psíquicos que únicamente pueden ver o sentir más o menos claramente el mal que aqueja al paciente, aunque no curarlo, ya que sus facultades no llegan hasta este punto.

Los buenos videntes pueden también detectar enfermedades que todavía no se han manifestado en el cuerpo físico del paciente, aunque están en camino. Recuérdese que los cuerpos electromagnéticos forman parte de nuestro cuerpo físico, y son estos cuerpos los que en algunos casos captan en primer lugar los videntes. Tal como ya dijimos, estos cuerpos tienen una influencia directa en nuestro cuerpo físico visible. Si el vidente percibe que la energía de estos cuerpos electromagnéticos está en desequilibrio, podrá decirnos con toda certeza lo que en el futuro inmediato vamos a sentir en nuestro cuerpo físico visible.

4

RADIESTESIA

Otra manera paranormal de hacer diagnósticos es mediante el uso de la radiestesia, es decir, mediante el uso del péndulo.

Como no podía ser menos, el jesuita González Quevedo arremete contra los radiestesistas que se atreven a hacer diagnosis, y hace un llamamiento a las autoridades pertinentes para que no cedan a las instancias de los radiestesistas europeos que pretenden lograr que sus diagnósticos tengan un reconocimiento oficial. Una vez más, vemos a González Quevedo enfrentado a una facultad paranormal que él mismo, como parapsicólogo, debería ser el primero en reconocer.

En el Congreso Internacional del Fenómeno Paranormal que tuvo lugar en 1978 en el hotel María Isabel Sheraton de Ciudad de México, uno de los sesenta y cuatro ponentes que expusieron los múltiples aspectos de los fenómenos paranormales realizó ante una audiencia de unas dos mil personas varios diagnósticos por radiestesia entre sendos asistentes escogidos al azar. Entre los asistentes había bastantes médicos que tuvieron oportunidad de verificar de inmediato si el radiestesista había acertado o no en sus diagnosis.

Y es más: esta misma persona, que no es médico pero sí un excelente radiestesista, enseña a los médicos a valerse de la radiestesia para complementar sus diagnósticos.

Según admite el mismo González Quevedo, en el año 1954 había en Francia unos cuarenta mil radiestesistas, quienes, escribe, «casi todos se arriesgaban a establecer diagnósticos y a tratar enfermos». Y si ello ya era así en aquel entonces, nos imaginamos que hoy el número será mucho más elevado. Y lógicamente nos preguntamos: ¿cómo es posible que en un país tan adelantado tenga tantos adeptos algo que no pasa de ser una pura superchería?

El mismo González Quevedo se hace también esta pregunta cuando continúa: «Este número crece continuamente, y si añadimos los que diagnostican sin ser radiestesistas (evidentemente muchos más), quedaremos asombrados del número ingente de curanderos diagnosticadores en un país como Francia, culto y desarrollado en otros aspectos».[5]

Pero en vez de pensar que alguna razón profunda debe de haber para una cosa tan «ilógica» (y la razón profunda es que la radiestesia, cuando es bien practicada, resulta eficaz y en algunos campos logra lo que no logran otras ciencias), el dogmático González Quevedo se reafirma en sus ideas y termina con este párrafo doctoral: «Por consiguiente, la radiestesia médica y sus aciertos en diagnósticos entran de lleno en el ámbito oscuro del curanderismo y la charlatanería».

Amén.

---

[5] Según una reciente encuesta realizada por SOFRES, el 40% de los franceses cree en la posibilidad de la curación por imposición de manos o por magnetismo, y el 23% afirma que visita de vez en cuando a un curandero. (Fuente: revista *Jano, medicina y humanidades*, diciembre de 1981).

5

CURACIONES POR LA FE

El arte de curar ha estado siempre unido a la religión. Así, y hablando en un sentido profundo, tanto se puede afirmar que la curación es un acto religioso (un milagro, una intervención inmediata de Dios...) como que la religión es una curación para mucha gente (el acto de «entrega» a Dios, o viceversa, el acto de «iluminación» o de «posesión» que Dios hace del hombre; y el mismo acto de entrega a Dios nos libera de la angustia existencial).

Aquí trataré de explicar el indiscutible fenómeno de las curaciones que siempre han practicado gentes que de una u otra manera invocaban a Dios con esta finalidad: santos, en el seno del cristianismo, derviches, chamanes, hechiceros, cóhenes, etc., fuera del ámbito cristiano. Como podemos ver, el fenómeno de curar invocando a Dios no es solo propio de tiempos pasados, sino que en nuestros días es un hecho social de innegable importancia.

Naturalmente, para los cristianos miopes no hay dificultad alguna en admitir que alguien cure o que alguien se cure después de haber invocado a Dios, porque Dios es omnipotente. Esta es la explicación que dan todos los teólogos católicos y todos los predicadores protestantes. Pero este razonamiento es síntoma de la microcefalia propia de quienes, dominados por el fanatismo, dejan de lado la razón, ignorando que la mente humana busca desesperadamente a quién atribuir los fenómenos de curación y que en el mismo proceso de buscar una causa se está creando ya dicha causa.

Y aunque la causa de estas innegables curaciones es genéricamente la misma, el fanatismo de los «fieles» impide que estos vean y admitan que en las otras religiones o creencias hay también curaciones tan auténticas e inexplicables como las que se dan en el seno de su amada fe. Si admitiesen este hecho, objetivamente evidente, sin duda podrían comenzar a preguntarse cómo es posible que el «diabólico» y «selvático» Yemayá tenga los mismos poderes que el Espíritu Santo.

La causa que actúa en las curaciones por la fe es la misma que actúa en los «bautismos por el Espíritu Santo» o en las «iluminaciones», es decir, en esa experiencia mística, profunda e inenarrable que sienten muchas personas y que consiste en una repentina iluminación de la mente, acompañada de una sensación de felicidad espiritual y física que les inunda todo su ser, penetrándolo hasta lo más íntimo. Al mismo tiempo, se sienten profundamente invadidos por lo que consideran la presencia divina, que los llena de una alegría hasta entonces no sentida y les descubre oscuros secretos de la vida y de la naturaleza. Todo este fenómeno suele ir acompañado de síntomas físicos, como son un calor general, cosquilleo, convulsiones, movimiento incontrolado de los ojos, visiones de luces o de seres, sensación de sentirse levantado en el aire, etcétera.

A las personas que han tenido esta experiencia en un grado eminente, Meher Baba les llama *masts* («los intoxicados» de Dios). Estos se sienten ineludiblemente inclinados a «entregarse» o a «rendir» su mente y su cuerpo a la fe, institución o persona que ellos consideren ha sido la causa de su experiencia. Pero mientras su mente y su voluntad se han

Meher Baba, un iluminado oriental
que tiene cientos de miles de seguidores.

agudizado enormemente hacia una dirección determinada, también se han cerrado a otras verdades y otros puntos de vista ajenos a su experiencia sentida. Su inteligencia se convierte en algo así como una linterna que lanza un haz de luz potentísimo y finísimo: todo lo que está enfocado por ese haz dc luz se ve muy claro, pero todo lo demás está oscuro..., y con el agravante de que la linterna está inmóvil, de modo que siempre enfoca las mismas cosas.

Es esta misteriosa energía la que logra las curaciones paranormales que abundan en todas las religiones, dependiendo del clima cultural o emocional que reine en la Iglesia o lugar de culto y condicionado al grado de psiquismo de los respectivos líderes.

Constantemente, a lo largo de la historia, todos los líderes religiosos han utilizado las curaciones por la fe para convencer a los fieles de que Dios estaba y está con ellos.

Izquierda: *Su Divina Gracia* Bhaktivedanta Prabhupada, fundador de la Sociedad Internacional para la Consciencia de Krishna, algo asi como el sumo pontifice del movimiento Hare Krishna.
Derecha: Sun Myung Moon, un predicador coreano que se ha hecho famosísimo mediante su Iglesia de la Unificación.

En el ámbito del cristianismo ha sido siempre una costumbre muy arraigada «orar por los enfermos», y en los últimos tiempos esta costumbre se ha acentuado, acrecentándose la convicción de que Dios va a oír las súplicas. En el seno del catolicismo, empero, estas plegarias en favor de los enfermos eran más bien rutinarias y sin demasiada esperanza de que Dios fuese a hacer ningún milagro. (Este estado de ánimo o esta falta de fe queda reflejada en la reprimenda que un señor cura echó a sus feligreses porque, al tercer día de una rogativa para implorar lluvia, ninguno de los parroquianos asistentes a la rogativa acudió al sermón llevando el correspondiente paraguas). Últimamente, sin embargo, y debido en parte a los éxitos del pentecostalismo, se nota en las comunidades católicas un avivamiento de esta fe en el poder de Dios para hacer milagros y muy en particular en lo que se refiere a la curación de los enfermos.

En los grupos llamados «carismáticos», las curaciones se han convertido en algo normal. En un ambiente libre de inhibiciones y en el que la emotividad crea un clima propicio para que afloren todas las capacidades y energías primarias del ser humano, se ora y hasta se grita con vehemencia por los enfermos, se invoca «en lenguas» el poder del espíritu y se espera, con una fe firme y expectante, la curación inmediata del enfermo.

En muchas ocasiones, el «milagro» se realiza. Si solo conociese un caso o varios, no creería que tal cosa fuese real, pero los casos se cuentan por miles, y las propias pantallas de televisión se encargan de llevar el testimonio de estas multitudinarias sesiones de curación por la fe a todos los hogares.

Conozco el caso de una mujer aquejada de cáncer y totalmente desahuciada por los médicos que fue llevada a una de estas sesiones de oración de los carismáticos. Allí mismo soltó las muletas con las que apenas podía sostenerse y volvió prácticamente a su vida normal, en la que se mantuvo durante dos años hasta que finalmente sucumbió víctima de la misma enfermedad. Es cierto que no fue una curación definitiva, pero con toda seguridad no hubiese tenido dos años de vida bastante normal de no haber mediado las oraciones de sus hermanos en la fe.

A pesar de que estos grupos carismáticos tienen sacerdotes que los alientan en sus prácticas, las altas jerarquías no saben qué pensar de ellos. En realidad, todo el movimiento carismático dentro de la Iglesia católica se ha convertido en un verdadero quebradero de cabeza para los jerarcas, quienes ven con buenos ojos el fervor contagioso y el apego a los sacramentos y a las obras de caridad (bastante olvidadas entre el pueblo cristiano). Sospechan, sin embargo, que bajo todos estos gritos y lágrimas y bajo toda esa devoción desmesurada hay algo que no está bien o que por lo menos está exagerado o distorsionado, ya que, con toda seguridad, el Espíritu Santo no tiene nada que ver con las curaciones, por muy reales que estas sean.

Lo cierto es que este avivamiento de la fe, hecho en medio de un ambiente cargado de emotividad y bajo la sugestión de otros hechos «sobrenaturales» (paranormales), es como un resorte o catalizador que activa ciertos mecanismos psíquicos y físicos que a su vez activan la energía kundalínica que duerme en el fondo de cada ser humano.

Y al hablar de esta misteriosa y profundísima energía estamos hablando de algo que podríamos definir como la sombra o la huella de Dios, del Dios-Universo en que todos creemos.

En este sentido, todos los que le atribuyen a Dios las curaciones no están equivocados. Lo que pasa es que el dios que ellos tienen en su mente es un dios pequeño, personal, hecho a nuestra imagen y semejanza (aunque un poco más grande), inmediato y con una mentalidad bastante estricta y tradicional.

Y la realidad es que el Dios que los está curando lo hace no personalmente, sino a través de leyes y de energías maravillosas que están ocultas en el fondo de la naturaleza y que solo la mente del ser humano es capaz de descubrir y de hacer brotar cuando está bien sintonizada con el mundo del espíritu.

Entre los protestantes anglosajones, y especialmente entre los fundamentalistas, algunos predicadores-curadores han llegado a tener gran fama debido a sus encendidas arengas religiosas televisadas, y sobre todo a sus multitudinarias sesiones de curación en las que cualquier cosa puede suceder, desde el más desenfrenado ataque de histeria hasta auténticas y repentinas curaciones en personas tratadas durante años en los mejores hospitales.

En estos casos, aparte el ambiente emocional impresionante y contagioso, la firme voluntad de curar, la sugestión y el estado de semitrance en que se encuentran algunos de los enfermos, cuenta mucho el psiquismo vigoroso y paranormal de los predicadores, autoalimentado por los hechos incomprensibles de los que a la vez son autores. Así, sintiéndose totalmente incapaces de hacer lo que están haciendo, creen ciegamente que la mano de Dios está con ellos, lo cual acrecienta sus telergias ya de por sí extraordinarias. Creo que precisamente a ellas debemos atribuir la mayoría de las innegables curaciones que realizan algunos de estos predicadores taumaturgos.

Sin embargo, en muchas de las curaciones que se practican en las casas o en grupos de oración reducidos en los que no hay ningún psíquico, la energía curadora procede más bien de los individuos que participan, y es la suma de las energías de todos ellos, aunque sin descartar la posibilidad de que en determinados casos entren en juego otras energías foráneas.

Aparte todo esto, existe un nuevo e interesante elemento a tener en cuenta: el «contagio psíquico» que estos grupos contraen mediante su relación con el «fundador» o con el «maestro», que por lo general es un gran emisor inconsciente de bioenergía. Y esta emisión inconsciente de bioenergía se extiende a todos los que anteriormente hayan estado en contacto con el maestro o fundador, hecho que he podido comprobar en multitud de ocasiones.

Las bioenergías que estos «fundadores» emiten, que son como una especie de microondas sutilísimas irradiadas por su cerebro, son capaces tanto de curar males físicos como de influir poderosamente en el cerebro de las personas que sin tener una preparación adecuada se acercan a ellos.

Este contagio psíquico lo hemos podido comprobar claramente (en su aspecto negativo y en su capacidad para influir mentes) en el monstruoso episodio del suicidio colectivo de Guayana, acaecido hace pocos años: un gran psíquico desquiciado, el reverendo Jones, distorsionó de tal manera el funcionamiento normal de las mentes de todos los que le rodeaban hasta el punto de que unas novecientas personas vieron como algo natural el hecho de poner fin a sus vidas y a las de sus hijos.

6

OPERACIONES CON LAS MANOS, SIN INSTRUMENTOS

En este tipo de operaciones tendremos que referirnos constantemente a la zona de Filipinas, pues allí es donde viven y trabajan no menos de una treintena de estos curadores. Algunos de ellos, como Tony Agpaoa, han logrado fama mundial; otros, no tan famosos, pueden realizar curaciones tan buenas como las suyas.[6]

De Tony Agpaoa hay miles de personas que afirman sinceramente haber sido curadas por él. De hecho, ha tratado a más de trescientos mil enfermos. Sin embargo, y por varias razones, yo apenas voy a hablar de este famoso curandero filipino. La primera, porque probablemente el lector ya haya leído algo de él. La segunda, porque me parece que en la actualidad Agpaoa ha caído en la tentación del dinero y ha comercializado el don que Dios le dio. Y hasta dudo de que sea capaz de hacer las cosas extraordinarias que hacía en épocas pasadas.

Ello confirma, una vez más, que los grandes sanadores son personas como las demás, y por lo tanto sujetas a las ten-

---

[6] Se aconseja al respecto la lectura de la excelente obra de Giristian de Corgnol *Los sanadores filipinos*, publicada por Ediciones Martínez Roca en 1979.

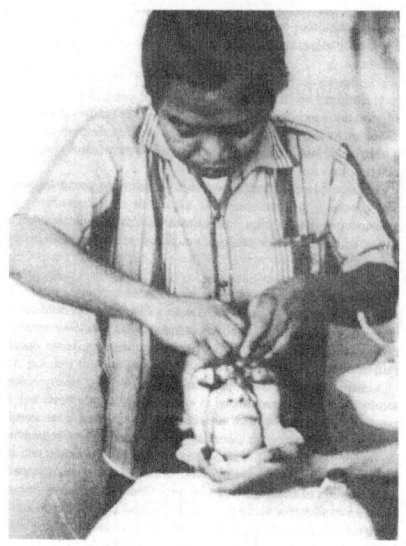 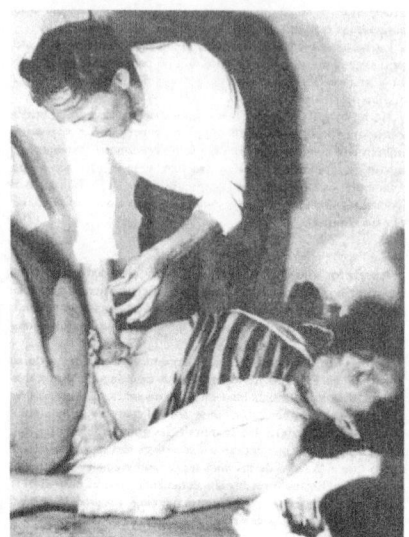

Izquierda: Tony Agpaoa operando a Marla Kelly de una jaqueca crónica. Esta operación no tuvo éxito; sin embargo, la señora Kelly curó de su jaqueca algún tiempo después gracias a la operación que le hizo otro curandero filipino. Derecha: Típica manera de curar de los sanadores filipinos. Hunden profundamente la mano en el abdomen del paciente, aunque esta penetración solo es real en algunos casos.

taciones que a todos nos asaltan. Habrá quien sepa vencerlas y habrá quien sucumba ante ellas, sin que ello implique nada en contra de la «otra medicina».

Y tampoco debemos extrañarnos ante el hecho de que uno caiga tan fácilmente en la tentación del dinero, del mismo modo que tampoco debe extrañarnos que estos famosos curadores cobren cantidades astronómicas a personalidades pudientes después de haberles librado de una enfermedad grave que otros médicos convencionales no pudieron curar.

Conozco casos de enfermos de cáncer que actualmente gozan de buena salud gracias a la intervención de alguno de estos curanderos. No podemos negarles a ellos los mismos honorarios que cobran los buenos profesionales de cualquier ciencia o arte que hagan bien su oficio.

Juan Blance reside cerca de Manila y es un sanador doblemente heterodoxo, ya que no sigue las normas de la medicina oficial ni tampoco las de sus compatriotas filipinos. Fornido y de tez oscura, es un hombre muy serio en su trabajo de sanador.

Él también sabe operar mediante el típico masaje y hundiendo después los nudillos en el cuerpo del paciente hasta que las carnes se abren (al menos aparentemente) y quedan al aire las vísceras. Sin embargo, su estilo favorito y peculiar consiste en hacer una incisión utilizando la mano derecha abierta en posición vertical, como si fuese a bendecir, manteniendo los dedos un poco separados entre sí y con el dedo meñique en la posición más cercana al lugar que va a tratar. La incisión se hace cuando la mano está a unos veinte o treinta centímetros de distancia, dando la impresión de que la energía la lanza por el dedo meñique.

Y hay todavía otra peculiaridad muy digna de notarse: si se interpone una hoja de papel entre el paciente y la mano de Blance cuando este hace ademán de cortar, aparece en el papel un corte como hecho con una cuchilla, al tiempo que la piel se abre, con los bordes rectos y aproximadamente del mismo tamaño que el corte aparecido en el papel.

La herida cicatriza con rapidez, aunque no instantáneamente, como sí sucede en otras operaciones de tipo paranormal. Por lo general, y una vez terminada su intervención, Blance coloca sobre el corte un pequeño esparadrapo.

No he tenido ocasión de ver a Juan Blance actuando en operaciones «mayores» que, según sé por referencias directas, practica también con singular maestría. En las operaciones «pequeñas» actúa con gran rapidez y limpieza. Además, todo lo que hace es perfectamente visible. Actúa con las puntas de los dedos, sin gasas ni algodones, valiéndose regularmente de sus facultades parapsicológicas y paranormales.

Aparte los trucos y los intentos de individuos poco escrupulosos por imitar las operaciones de otros (con las consiguientes ganancias económicas), no se puede negar que existen personas que tienen la capacidad y la habilidad de curar por medios extraordinarios e inexplicables.

Podría seguir comentando el interesantísimo fenómeno de las curaciones en Filipinas, describiendo sus cien ángulos y aspectos, como son la gran desigualdad en las curaciones, las operaciones auténticas (en las que realmente se abre el cuerpo y se manipulan las vísceras humanas) y las aparentes, las grandes diferencias que hay en cuanto a lo que cobran los curadores (las fuertes sumas de dinero que a lo largo de los años ha ganado Agpaoa y la rotunda negativa de Oligane a recibir absolutamente nada ni para él y ni siquiera para su Iglesia), los diferentes métodos de curar, la pobreza real en la que viven algunos de ellos comparada con la opulencia de otros, etcétera.

En realidad, y aunque a los curadores filipinos los hemos clasificado como «los que curan con las manos, sin instrumentos» y los hemos diferenciado de los que practican las «curaciones por la fe», en gran medida los curadores filipinos pueden ser también catalogados como curadores por la fe, ya que todos ellos afirman que es Dios el que realiza la curación, gracias a la fe del enfermo. La mayor parte hace sus curaciones en capillas cristianas o cristiano-espiritistas, de las que ellos son ministros, y prácticamente todos oran antes y durante las intervenciones.

Pero dejando para el final el enjuiciamiento del fenómeno de la curación en sí, pasemos ahora a los curadores que usan instrumentos.

7

OPERACIONES HECHAS CON INSTRUMENTOS

Esta modalidad es más común en América, y en concreto en países como Brasil y México. El más famoso de estos curadores fue el brasileño Arigó (que en portugués significa «rústico»), que murió en un accidente de automóvil hace más de una década.

Por supuesto, González Quevedo se ensaña con él en su libro *Los curanderos*, y no admite ni siquiera que Arigó tuviese buena voluntad en algún momento. Para González Quevedo todo en él era truco, todo era deseo de figurar y de hacerse rico. Y uno no acaba de comprender cómo un hombre tan «farsante», tan deshonesto y tan ignorante pudo haber atraído a más de un millón y medio de pacientes, como afirman sus biógrafos. Bastaría con que cien mil pacientes se hubiesen sentido engañados para levantar contra él una ola de indignación y descrédito. Y sin embargo, no fue así, sino que siguieron llegando pacientes de todas partes de Brasil y del resto del continente.

Es cierto que Arigó estuvo en la cárcel por practicar ilegalmente la medicina, pero eso no extrañará a nadie que conozca lo celosas que son las asociaciones o colegios de médicos en todo el mundo. Pero lo que aquí realmente interesa es averiguar si los curanderos curan o no curan.

Al igual que con Agpaoa, dejaré a Arigó de lado para no repetir lo que ya otros han escrito, entre ellos el doctor Andrija Puharich y el conocido escritor norteamericano John Fuller, que recientemente ha publicado sobre él un libro titulado *The Surgeon with the Rusty Knife* («El cirujano de la navaja oxidada»).

Aunque solo sea de pasada, voy a describir las operaciones de los dos principales discípulos de Arigó, de las que yo fui testigo y en las que en cierta manera participé durante muchos días, ya que la finalidad de mi viaje a Brasil fue para estudiar de cerca las operaciones de estos dos curanderos.

El primero de los discípulos de Arigó que visité se llama Antonio de Sales, y vive en Caratinga (Minas Gerais). Es albañil de oficio y desempeña su trabajo de curandero en el templo de aquella pequeña ciudad.

Antonio es un espiritista convencido. Su nivel cultural era ínfimo cuando comenzó a «desarrollar facultades», como se dice en la terminología espiritista, y poco a poco se ha ido puliendo no solo por el trato con gentes de todas partes que van a su consulta, sino también por la iluminación interna que todo auténtico médium recibe de su propio inconsciente o de otros planos de existencia. En Antonio de Sales, el arte de curar es algo que emana de su mediumnidad, porque él es uno de esos médiums cada vez más escasos, los médiums de materialización, es decir, personas que mientras están en estado de trance emiten de su cuerpo una sustancia fluida, pastosa, blanca, aparentemente húmeda y fría, que flota en el aire y es incompatible con la luz, denominada ectoplasma.

Antonio realiza su trabajo de curador en un ambiente cristiano, donde por todas partes se ven cuadros de Cristo y de Nuestra Señora. Mientras la gente está sentada en espera de que se le indique su turno para entrar a «operarse», alguna persona reza en voz alta oraciones a Cristo o a la Virgen María, o sencillamente alguno de los médiums se dedica a predicarles a los presentes que tienen que avivar su fe, apartarse del mal y cumplir con los mandamientos. En realidad, observé más fe y más fervor cristiano en aquel templo espiritista que en muchos templos cristianos en los que de ninguna manera tienen entrada los «errores espiritistas».

Antes de la sesión de «operaciones», Antonio, junto con otros médiums y autoridades del templo, se sienta a una gran mesa y lee las cartas que ha recibido, en las que le piden consejo o le preguntan acerca de problemas familiares o de salud. Antonio está en trance, y su manera de hablar difiere bastante de la suya ordinaria. Durante la sesión, su voz varía grandemente, dependiendo (según la explicación espiritista) de la entidad que en aquel momento tenga tomado su cuerpo. A veces habla con una voz grave de barítono y a veces con una voz chillona, como si fuese una anciana. Sin conocer a ninguno de sus corresponsales, contesta con decisión a lo que dice la carta, haciendo a veces alusión a situaciones que no se especifican en el escrito, y citando nombres de personas que, de ser acertados, únicamente puede conocerlos mediante telepatía o clarividencia.

En un momento determinado, una persona pasa por entre la gente preguntando quién se quiere operar; a los que quieren hacerlo les dan una ficha con un número, y se quedan en el templo cuando terminado el servicio los demás se van. En ningún momento les piden dinero a los que se van a operar, ni siquiera después de haberles operado. Durante los días en que asistí al templo no vi sugerencia alguna para que los visitantes prestasen ayuda económica al mismo.

Antonio está en una pequeña habitación dividida por un delgado tabique que no llega al techo. En un lado hay una rústica cama de operaciones y una mesita con material de enfermería, y en el otro lado hay varias personas que se ocupan de apuntar los nombres de las personas que se van operando, y escriben las recetas que Antonio dicta a cada uno de los pacientes. Estos entran en el pequeño recinto y seguidamente se les dice que se tumben en la mesa de operaciones, donde Antonio procede a examinarlos. El curador, a pesar de dar la impresión de estar en un estado perfectamente normal, lo cierto es que está en trance, aunque no en un estado de trance profundo. Camina por la habitación, habla con sus ayudantes y se dirige al recién llegado, aunque todo con el tono y los ademanes de una persona cuya mente no está propiamente en el lugar y en las circunstancias físicas reales; y ello resulta evidente en el timbre de su voz y en su acento, ya que, según él y según el pensamiento espiritista, en aquellos momentos su cuerpo está tomado por el espíritu del doctor Fritz, médico alemán fallecido hace muchos años. (Incidentalmente, este doctor Fritz es el mismo que se posesionaba del cuerpo de Arigó, y el mismo que dice estar presente en la actualidad en los cuerpos de otros médiums cuando curan. Ese sospechoso detalle hay que tenerlo en cuenta para las consideraciones que haremos después al tratar de hallar alguna explicación a fenómenos tan extraños).

Su manera de hablar es cortada, con fuerte acento alemán o algún idioma parecido (yo en ningún momento le oí hablar en alemán), y sus movimientos son toscos y a veces violentos. En cuanto descubre cuál es la dolencia que aqueja al paciente, rápidamente coge su instrumento preferido, una navaja común, y procede a abrir la parte del cuerpo correspondiente.

Generalmente no usa anestesia de ninguna clase ni se preocupa por desinfectar nada. Simplemente coge su navaja y hace una incisión en la que con frecuencia desaparece toda la hoja debajo de la carne. Según mis cálculos, la hoja penetraba entre cinco y siete centímetros, sobre todo en las operaciones que practicaba en el vientre. A veces, los tajos tienen una longitud de más de veinte centímetros, sobre todo los que hace alrededor del músculo pectoral izquierdo cuando efectúa una intervención cardíaca.

En los primeros días de mi estancia en Caratinga me dedicaba a conversar en el templo con los que se iban a operar, para ver si había alguna mejoría cuando salían. Quienes antes de entrar padecían dolores, con frecuencia salían diciendo que ya se les había quitado el dolor; sin embargo, algunos lo decían sin demasiada convicción, como obligados por las circunstancias; a otros, el sanador les practicaba algún tipo de cura y los mandaba volver después de varios días.

Las operaciones duraban pocos minutos, y algunas intervenciones se realizaban en cuestión de segundos. Uno que entró para ser operado del corazón salió a los pocos minutos con una cicatriz en forma de arco que le cubría la mitad del pecho.

Conversé con un profesor del instituto de Caratinga que años atrás fue operado por Antonio de una insuficiencia cardiaca, y me enseñó la misma cicatriz en forma de arco. Me dijo que a partir de la intervención de Antonio no había tenido dificultades con su corazón.

Posteriormente ya me fue permitido entrar a ver las operaciones de cerca. Vi cómo operaban a un amigo de un riñón: le hizo un tajo por el que salió no demasiada sangre, que Antonio detuvo rápidamente poniendo la mano encima y ayudándose con un algodón para que esta se escurriera por la piel hacia abajo. Aparentemente, lo que se veía a través del corte eran los riñones, que Antonio manipuló valiéndose de los dedos y de unas largas tijeras, dando la impresión de que cortaba algo. Intenté observar lo que había sacado, y cuando volví a mirar la herida estaba ya cerrada, quedando solo un pequeño rastro de sangre. Por la noche, ya en el hotel, mi amigo me pidió que le dijese si se le notaba mucho la cicatriz, ya que él no podía verla bien por estar prácticamente en la parte posterior del cuerpo. Examiné la zona y le dije que yo no podía ver ninguna cicatriz, cosa que le contrarió mucho, pues, según me dijo, su hijo médico (que no cree absolutamente nada de estas cosas) no iba a creerse que había sido operado. Al día siguiente fue de nuevo al templo a ver a Antonio y le explicó que quería que le quedase una cicatriz para que su hijo se convenciese. Antonio, que estaba en trance y había practicado ya unas cuantas operaciones, le dijo, sonriendo y con un tono zumbón, que esperase su turno, que volvería a abrirlo de modo que esta vez le quedase una buena cicatriz. Por la noche, mi amigo me pidió de nuevo que observase la zona y le dijese si le había quedado cicatriz. Me quedé pasmado cuando vi en la parte inferior de su espalda una gran cicatriz en forma de «S» y mucho más profunda de lo que suelen ser las cicatrices de los cortes de la piel.

Un día vi llegar en unas parihuelas a un hombre grueso, un campesino que se quejaba continuamente y que lanzaba alaridos cada vez que lo movían. Después de estar unas dos horas observando las intervenciones de Antonio y hablando fuera con los presentes acerca de sus creencias espiritistas y de su filosofía de la vida, oí repentinamente unos tremendos gritos en el cubículo donde operaba Antonio y me abalancé hacia el interior para ver lo que pasaba. Habían introducido al campesino, y Antonio, demudado y fuera de sí, lo señalaba con el dedo gritando: «¡Magia negra! ¡Magia negra!».

A continuación se desarrolló ante mí una de las escenas que recuerdo con más viveza: Antonio se abalanzó sobre aquel pobre hombre y le golpeó todas las partes de su cuerpo; le daba con el puño cerrado y con toda la fuerza que podía. De una manera realmente increíble, le cogía las piernas y se las retorcía como si fuesen un torniquete, flexionándoselas hasta tocar con ellas la frente y soltándolas luego violentamente para que recobrasen su posición natural. Aquellas flexiones eran totalmente «imposibles», y sin embargo Antonio, como poseído él mismo por un espíritu, repetía furioso una y otra vez las torsiones, mientras lanzaba terribles imprecaciones contra los malos espíritus. Aquel pobre hombre, que poco tiempo antes aullaba cada vez que lo movían, estaba ahora callado, con los ojos muy abiertos y sudando profusamente.

Pero la furia de Antonio no se limitó a lo descrito. En un ímpetu de ira, agarró al enfermo (que como dije, era corpulento) y, manteniéndolo en el aire, lo golpeó con fuerza contra la pared. El «endemoniado» empezó entonces a gemir y a quejarse mientras Antonio seguía golpeándolo contra la misma pared. Cuando por fin lo volvió a dejar sobre la mesa de operaciones, el enfermo sollozaba como queriendo liberarse de algo. Antonio dijo que le iba a hacer una limpia y nos mandó retirarnos de la mesa porque aquello se podía «contagiar» y nos podía perjudicar a nosotros. Le hizo una especie de exorcismo muy complicado y violento, tras el cual el enfermo, siempre sudando abundantemente y sin dejar de sollozar, se sintió mucho más tranquilo y podía hablar con bastante normalidad. Antonio le dijo que después de dos días volviera al templo para terminar de liberarle de los malos espíritus que le dominaban y para que pudiese volver sano a su casa.

No sé en qué terminó todo el incidente, pero ello me hizo reflexionar mucho acerca de los complicadísimos mecanismos de la mente humana y acerca de las otras realidades paralelas a nuestra realidad sensorial.

Si aquel campesino hubiese acudido a la consulta de algún médico convencional, ciertamente no habría encontrado tanto alivio como encontró con Antonio. El médico convencional probablemente hubiera considerado que todas las dolencias de aquel campesino eran imaginarias, y este médico se hubiese demostrado totalmente incapacitado para curar a aquel paciente. Este es uno de los aspectos que la medicina oficial no puede olvidar ni ignorar. Los «conocimientos» de Antonio están más de acuerdo con lo que aquellos campesinos esperan, y por eso en muchos casos los remedios de los curanderos son más eficaces. Y si además fuese cierto que aquel hombre estaba de alguna manera «poseído» o sometido a las influencias de alguna entidad, entonces no nos quedaría más remedio que reconocer que la medicina universitaria no tiene conocimiento alguno al respecto, porque, sencillamente, no admite tal posibilidad.

Pasados algunos días me convencieron de que me dejase yo también «operar», para así poder juzgar de cerca y con datos de primera mano si las operaciones eran o no auténticas. Confieso que ese día, cuando esperaba mi turno, avanzada ya la tarde, el corazón me latía fuertemente, pues me asaltó la idea de que «los espíritus» (que según la creencia allí común son los que gobiernan todo cuanto allí sucede) podrían no estar muy satisfechos con mi espíritu crítico y con la no muy buena idea que yo tengo de ellos. (Porque si bien yo admito la fenomenología que se da en el seno del espiritismo, no admito la explicación que de ella dan los espiritistas, y mucho menos me fío de la bondad incondicional de los llamados «hermanos del más allá». Mi idea de todo esto es que o el hombre se está engañando inconscientemente a sí mismo o hay «alguien» que está abusando de su buena fe). Me daba la impresión de que ingenuamente me estaba metiendo en la boca del león, ya que les estaba brindando en bandeja

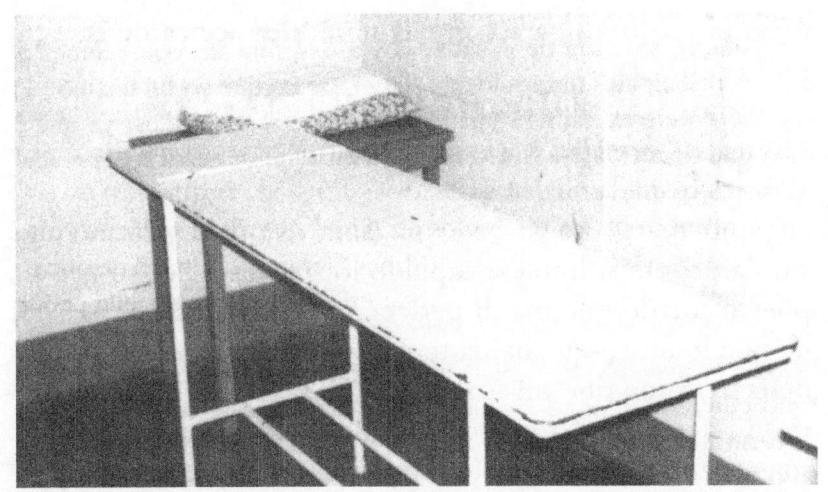

Mesa de «operaciones» de Antonio de Sales en la que el autor fue operado.

de plata la ocasión para vengarse de mí. Esto puede parecerle una ingenuidad a más de un lector, pero quien ha estudiado a fondo el inexplicable y a veces tenebroso mundo de lo paranormal tiene más de cuatro razones para preocuparse.

Finalmente llegó mi turno. Me tendí sobre la estrecha y dura mesa, y cuando me disponía a decir cuál era mi dolencia, con voz ronca y seca Antonio me dijo: «No me diga nada». Acto seguido comenzó a tentarme todo el cuerpo, comenzando por los pies; fue subiendo por las piernas y palpando en diversas partes, me apretó los riñones en los que yo había tenido una pequeña dolencia en meses pasados y se detuvo algo en ellos, pero siguió ascendiendo sin decir palabra. Me puso enseguida la mano encima del estómago, y al no hallar nada que le llamase la atención, siguió ascendiendo en su búsqueda de mi parte aquejada. En el pecho me auscultó apoyando su oreja contra mi tórax, y comentó: «Tienes un corazón fuerte». Cuando se enderezó, a mí me asaltó la idea de que no daría con mi mal y me diría que estaba bien de salud, lo cual iba a defraudar mi idea acerca de él. Pero no fue así.

Inmediatamente cogió mi oreja derecha (él estaba colocado a mi derecha) y me la sacudió fuerte como diciendo: «Por fin he dado con lo buscado». Tengo la impresión de que en aquel momento yo tuve una clara visión telepática o algo similar, como si hubiese captado lo que pasó por su mente, pues recuerdo que me di perfecta cuenta de que él (a pesar de que lo único que había tocado de mi cabeza era mi oreja derecha) supo que mi mal estaba en el oído izquierdo. Soltó mi oreja derecha, masculló algo que no pude entender y, sin mirar para nada el oído izquierdo, fue a una mesa para buscar algo. Cuando volvió, llevaba unas largas tijeras y se dirigió directamente a mi oreja izquierda. Al notar que me estaba introduciendo las tijeras por el canal del oído, estuve a punto de renunciar a mis afanes de investigación, y hasta se me antojó ridículo que yo me prestase a ser un «mártir de la parapsicología». Intenté sobreponerme.

Noté que Antonio empujaba con fuerza las tijeras y me comprimía el oído. Yo padecía una perforación del tímpano debido a una otitis del oído medio que fue descuidada durante muchos años, y la cual me supuraba continuamente. Tuve además la clara sensación de que me cortaba algo allá adentro, pues sentí el abrir y cerrar de la tijera con su sonido característico. Y digo que tuve la sensación, porque en realidad no me dolió; sentía que me andaba por allí adentro, pero no me dolía. Enseguida me salió un líquido que me pareció sangre (y todavía no estoy seguro de lo que fue, porque soy daltónico). Me puso un esparadrapo tapándome el canal auditivo y me dijo que volviese al cabo de dos días.

Volví a los dos días y curiosamente empezó a tentarme de nuevo y a auscultarme desde los pies, como si no me conociese ni recordase nada de lo que había pasado. (Detalles como este, que para algunos son un indicio de truco y falta de autenticidad, para mí son señales que ayudan a desentrañar esos fenómenos inexplicables).

Si la primera vez quedé atemorizado al ver al curandero con unas tijeras, la segunda vez quedé aterrado cuando tras su visita a la mesa donde tiene «el instrumental» le vi regresar con un martillo. Era pequeño, aunque no por ello dejó de inquietarme tal instrumento. Una vez más, me armé de valor y me sobrepuse a la situación. (Confieso que si entonces hubiese sabido lo que hoy sé acerca de las curaciones psíquicas, no me hubiese impresionado tanto como me impresioné). Pude percibir claramente, sin sentir tampoco dolor alguno, que valiéndose de algún otro instrumento que no vi me clavaba algo o me presionaba con algo en el interior del oído, tal vez en la zona del mastoides; sentí los golpes del martillo con toda claridad y, gracias a Dios, fueron dados con cierta delicadeza. En realidad no sé en qué consistió la operación ni para qué hizo lo que hizo. Recuerdo que al final le dije que no podía nadar bajo el agua porque el oído se me infectaba en cuanto me entraba una gota. Él me contestó: «De ahora en adelante, usted podrá nadar bajo el agua». Yo le repliqué: «No lo creo. Será siempre muy peligroso hacerlo». Él volvió a replicarme con firmeza y como enfadado: «¡Usted podrá nadar bajo el agua!». No quise empeorar las cosas y me callé, pero por supuesto he procurado tener el buen sentido común de no meterme nunca bajo el agua y de evitar que me entre agua en el oído, lo cual está de acuerdo con lo que hoy conozco sobre las operaciones psíquicas: pueden ser buenas y hasta milagrosas, pero no infalibles, y uno tiene que usar siempre su cabeza, y más en fenómenos como estos en donde todo es incierto.

Hasta aquí la mecánica de la operación; pero lo más importante de todo ello es saber si tuvo éxito o no, y nadie mejor que uno mismo para emitir un juicio sobre su propio mal.

Creo que la operación me hizo bien, sin que ello signifique que me curase definitivamente de todos los inconvenientes que me causaba mi falta de tímpano y el deterioro en que estaba mi oído medio por tantos años de abandono. A partir de entonces mi oído se ha secado y solo supura en muy raras ocasiones, por ejemplo cuando cojo un fuerte catarro, siéndome bastante fácil controlarlo (por supuesto, con la ayuda esporádica del especialista), y puedo oír bastante bien con él a pesar de tener el tímpano muy dañado. Presumo que si no hubiese sido por la operación hecha por Antonio, ahora tendría mi oído bastante más deteriorado. Puedo afirmar que, a raíz de la operación, el comportamiento de mi oído cambió, y a partir de aquel momento apenas me ha dado problemas.

Esto es lo que puedo decir acerca de los resultados de mi operación. En cierta manera compendia toda la medicina psíquica y hasta toda la fenomenología paranormal. Hay en ella hechos paranormales indiscutibles, desde los ilógicos y absurdos que uno no sabe cómo explicarse, hasta la parte útil que uno debe aprovechar. Hay también en mi operación, como en todo fenómeno paranormal, una parafernalia que es imitación de los patrones normales de conducta, en este caso los patrones seguidos por la medicina convencional.

En cuanto a los otros pacientes operados por Antonio de Sales, me pareció que estaban satisfechos con el resultado de las intervenciones de este. Algunos me hablaron del curandero con grandes alabanzas, y en lo que toca a los honorarios, todos estaban más que satisfechos, ya que en ningún momento se les pide nada, y yo debo decir que nadie me pidió nada y ni siquiera me facilitaron mi deseo de dar algo para los gastos del no pequeño templo.

Antonio actúa con cierta tranquilidad legal a pesar de estar bajo la constante amenaza de la Asociación Médica Brasileña, ya que años atrás curó radicalmente de un cáncer vaginal a la esposa del entonces presidente del país, y esto lo inmunizó contra los ataques de sus enemigos. Sin embargo, en alguna ocasión intentaron llevárselo preso, y él tuvo que recurrir al «teléfono secreto» que para ocasiones semejantes le dio el ayudante particular de la entonces Primera Dama de Brasil. Antonio llamó, expuso loque pasaba y una orden fulminante alejó a los representantes de las autoridades locales del centro donde se practicaban las operaciones «ilegales».

No puedo dejar de referirme a algo que a muchos les parecerá totalmente imposible, pero como estamos hablando de curaciones, no quiero omitir la descripción de otras curaciones, por imposibles que puedan parecer.

Por las fechas en que yo estuve en Caratinga, una vez cada dos semanas las operaciones eran realizadas nada menos que por un espíritu en vez de ser practicadas por Antonio. Cuando se contempla este tipo de escenas (y yo he tenido ocasión de contemplarlas en varias ocasiones), uno sacude repetidamente la cabeza y hasta se pellizca para cerciorarse de que no está soñando o hipnotizado.

Antonio se tiende en un camastro, en el cuartito donde está la mesa en que practica sus operaciones. Allí cae en trance profundo. Al cabo de un rato se ve flotar a su alrededor una especie de nube blanca. Esta nube va tomando forma humana, hasta que poco a poco se convierte en una figura fantasmal formada solo de la cintura para arriba, aunque los que han contemplado muchas veces el mismo fenómeno me aseguraron que en otras ocasiones se puede ver la figura completa.

Así pues, la figura se asoma por la cortina que separa el cuartito del salón grande que constituye el templo y, flotando en el aire, avanza hasta las dos mecedoras en donde están

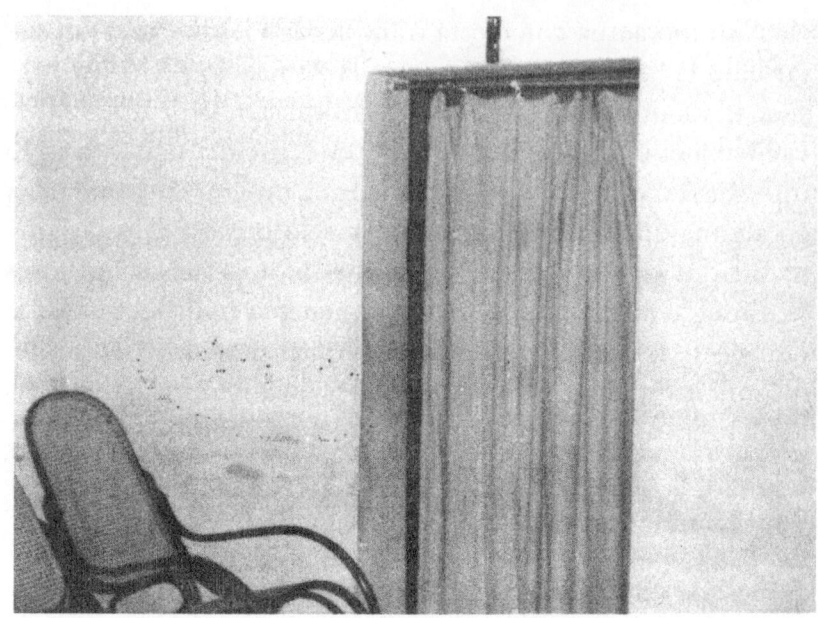

Cortina por la que aparece el fantasma ectoplasmático (que sale del cuerpo de Antonio mientras este está en un trance profundo) y las dos mecedoras donde están sentados los enfermos que son operados por el fantasma.

los dos enfermos que se van a operar. En este momento, todos los que están en el templo pueden ver la figura del espíritu mientras está operando, y también se puede oír el tintineo de los instrumentos que utiliza mientras realiza la operación, ya que en vez de hacerla de una manera «espiritual», como convendría a su estado, lo hace usando unos instrumentos muy semejantes a los que usan los médicos.

El espíritu realiza las operaciones más complicadas en uno o dos minutos, y en cuanto ha intervenido a los dos enfermos se retira de la misma manera que ha llegado. Enseguida los ayudantes retiran a los dos enfermos (que por supuesto caminan por sí solos) y traen a otros dos para que se sienten en las mecedoras. El espíritu no se hace esperar y vuelve a aparecer desde detrás de las cortinas y a intervenir a los dos nuevos enfermos. Y así sucesivamente hasta que no hay ya más personas para operar.

Todo esto sucede en la más completa oscuridad y conforme a la más estricta ortodoxia espiritista. La figura del espíritu se forma con el ectoplasma que sale del cuerpo de Antonio (que por supuesto pierde peso), y en todo momento, aun cuando esté a varios metros de él, mantiene algún tipo de contacto físico con él. Por ello, en cuanto deja de operar, tiende a acercarse al médium de donde ha salido.

Este extrañísimo fenómeno se da cada vez menos, ya que hay pocos médiums capaces de emitir ectoplasma. (Recuerde el lector que esta rara sustancia llamada «ectoplasma» es totalmente incompatible con la luz, siendo esa la razón de que ese tipo de operaciones se haga totalmente a oscuras. Sin embargo, el espíritu es claramente visible, pues el ectoplasma de que está hecho es fosforescente en la oscuridad).

Después de haber visto esto me pareció que ya no me quedaba nada más por ver, y sin embargo me equivocaba: años después pude ver en México operaciones de otro tipo que no tenían nada que envidiar, en cuestión de paranormalidad, a estas que he descrito.

Por supuesto, interrogué a las personas intervenidas por el fantasmal doctor. Algunas estaban un poco asustadas todavía, mientras que otras ya estaban acostumbradas a su presencia a fuerza de asistir al templo y por ser de creencias espiritistas. Los resultados prácticos son poco más o menos como los de Antonio. Algunos dicen que prefieren ser operados por el espíritu, porque lo hace mejor que Antonio.

De Caratinga me dirigí al pueblo de Contagem, en las afueras de Belo Horizonte, capital del estado de Minas Gerais, para visitar y observar a otro famoso discípulo de Arigó llamado Luis Muzio Ambrosio.

Me recibió muy cautelosamente, y antes de saludarme pude ver cómo, con un cierto disimulo, me observaba atentamente, cerrando casi por completo los párpados, como quien está mirando algo que está iluminado en exceso. No solo eso, sino que pude observar que su mirada no se dirigía precisamente a mi cara, sino más bien a un área alrededor de mi cuerpo: me di cuenta de que estaba ante un psíquico con capacidad para ver mi aura. Más tarde me confesó que eso era lo que en realidad estaba haciendo, y pudo ver por los colores de mi aura que yo era un hombre que tenía buena voluntad, contrario a otras personas que con frecuencia llegaban hasta él y tras sacarle mucha información escribían artículos en los que tergiversaban todo lo que habían visto y le atribuían hechos e intenciones que él no tenía.

Una vez que me hube ganado su confianza, logré que me dejase ser su ayudante durante las consultas que diariamente tiene en el hospital que está construyendo. La cola de pobres gentes que esperan ser atendidas por Muzio resulta impresionante; el largo pasillo del hospital no era suficiente para contener a todos los que querían que lo visitaran. Cuando fue la hora, entramos en el amplio salón donde iban a realizarse las consultas. Muzio cayó rápidamente en trance tras unos sacudimientos de la cabeza y unas profundas aspiraciones que lo sumieron como en un letargo profundo que le duró apenas un minuto. Enseguida abrió los ojos, miró a su alrededor como extrañado y empezó a dar órdenes para que fuesen entrando los primeros enfermos.

Al igual que Antonio de Sales, Muzio dice que es poseído por el espíritu del doctor Fritz, y por lo tanto habla también un portugués con fuerte acento alemán, y a veces dice palabras en alemán, aunque nunca frases largas.

Las cuatro horas que siguieron no las podré olvidar en mi vida. La puerta de la sala donde estábamos permanecía abier-

Luis Muzio Ambrosio, curandero brasileño discípulo de Arigó con quien el autor participó largamente en varias sesiones de curación.

ta, y la larguísima fila se iba comprimiendo poco a poco contra la mesa en la que Muzio y yo estábamos sentados. Muzio los oía y les decía que fuesen al grano, porque había mucha gente esperando. Rápidamente y casi sin mirar, escribía encima de un grueso mazo de toscos papeles cortados a mano una receta o un consejo. Se lo entregaba y, con un gesto rápido, mandaba acercar al siguiente. A veces se levantaba para examinar más de cerca al paciente o para tentarlo o auscultarlo.

Una cosa que hubiese parecido extraña a cualquiera que no estuviese familiarizado con ese tipo de medicina es que Muzio, en muchas ocasiones, empieza a escribir la receta casi al mismo tiempo que el enfermo empieza a hablarle. A veces, cuando el enfermo empieza a hablar, Muzio ya le ha alargado la receta y le hace señas para que se retire.

En una ocasión, un anciano comenzó a hablar torpemente con la intención de explicarle cuál era su mal, y cuando ape-

Hospital Jesuina de Castro, en Contagem, mandado construir por el curandero Luis Muzio Ambrosio.

nas había dicho tres palabras ininteligibles, Muzio le extendió la receta y le dijo que se lavase con aquello: «Váyase, abuelo, váyase», le dijo al mismo tiempo que apuntaba hacia el siguiente. Yo me incliné hacia Muzio y le pregunté qué le pasaba al anciano, porque en realidad no había tenido ocasión de decir lo que le pasaba. Muzio me dijo: «Tiene una llaga en el costado izquierdo que se hizo con una quemadura». Me intrigó tanta seguridad y me levanté y fui en pos del anciano para que me dijese qué era lo que en realidad le pasaba. El pobre hombre, en medio del pasillo y con el papel en la mano, no sabía qué hacer y creo que trataba de que alguien le descifrase lo allí escrito. Al ver que yo le preguntaba por su mal, sonrió, porque por fin alguien quería escucharle. Enseguida se levantó por un lado su camisa y me enseñó una gran llaga redonda de casi un decímetro de diámetro. Efectivamente, era una quemadura bastante fea. Me quedé aturdido y caí en la cuenta de hasta qué punto la telepatía se convierte en algo consuetudinario cuando uno trata con un gran psíquico y cuando uno se adentra en las profundidades del mundo paranormal.

Y no solo está presente la telepatía (o mera lectura de la mente de otro), sino un fenómeno más complejo y más amplio como puede ser la clarividencia, es decir, la capacidad de saber cosas que por lógica no se podrían saber, ya que no han llegado al cerebro por medio de ninguno de los sentidos y que además no están en la mente consciente de nadie que esté presente.

Para enjuiciar debidamente el caso que voy a narrar, se debe tener en cuenta la gran religiosidad de Muzio, como en general de todos los curanderos espiritistas. No importa que sus creencias no sean muy ortodoxas conforme a la teología cristiana; sus principios morales están calcados de los del cristianismo más austero.

Se acercó una mujer joven, en cuyo rostro se veían las señales de la depresión y el dolor. Muzio levantó sus ojos hacia ella y, como fulminado por un rayo, se incorporó de la silla y le hizo con el brazo un gesto violento para que se fuera. No quería oírla; le dijo que él no trataba con criminales. «¡Lárguese de aquí!», le ordenó, y continuó con su brazo extendido señalando la puerta. La mujer, con los ojos llorosos, intentaba explicar algo al principio, pero, atemorizada por el gesto de Muzio, se dirigió lentamente hacia la puerta. Cuando ya había desaparecido de nuestra vista, Muzio, que se había quedado pensativo y con cara preocupada, dio de repente un grito y dijo a los de la puerta que llamasen a la señora. Entonces se volvió hacia mí y me dijo en modo seco: «Si la dejo ir, se muere».

Yo le pregunté entonces: «¿Pero qué le pasa?». Muzio me contestó: «Tiene una gran infección en el útero». Y a continuación, me dice la frase clave para poder entender toda su furia contra la pobre mujer: «Intentó abortar y he ahí el fruto de su pecado».

Efectivamente, la pobre mujer, en medio de lágrimas, y viéndola y oyéndola todo el mundo, confesó que su marido la había forzado a ello porque eran muy pobres y no podían tener ya más hijos, que había intentado varias veces y por varios métodos abortar y que se sentía muy mal. Prometió que no volvería a hacerlo, pero que por favor la ayudase porque tenía muchos dolores y se sentía muy mal. Muzio entrecerró entonces sus ojos y la miró fijamente al vientre al tiempo que hacía un movimiento de balanceo con todo su cuerpo, como si quisiera traspasarla con la mirada. En realidad la estaba observando internamente, porque enseguida dijo: «Señora, está usted muy mal».

Se sentó y con más cuidado del habitual escribió una receta. Le hizo también unos cuantos pases con una mano, al tiempo que se concentraba cuando tenía las manos sobre el vientre de ella. Le dio unos cuantos consejos y le ordenó que se fuera.

Los casos seguían sucediéndose ininterrumpidos, lastimeros, variadísimos, y Muzio, incansable, con ademanes rápidos y recetas o consejos rapidísimos, iba despachando decenas de pobres campesinos sin pedir nada a ninguno.

Recuerdo que en un momento determinado un hombre flaco y alto, de pie delante de la mesa, intentó hablar con Muzio. Este le alargó el consabido papel en el que había escrito algo y, sin permitirle decir nada, lo despachó. Ante mi gesto de asombro y de incredulidad, Muzio se inclinó de lado hacia mí y con una sonrisa medio picaresca me dijo: «Impotencia». Y añadió enseguida: «¡Claro, no comen!».

Mezclado con todo esto están aquellas creencias del espiritismo que tienen que ver tanto con los dogmas religiosos como con las enfermedades. Por ejemplo, cuando ya habían pasado unas dos horas desde que comenzamos a recibir gente, se presentó un matrimonio joven con un niño. Otra vez Muzio se levantó airado y dirigiéndose a la mujer comenzó a increparla con gestos violentos: «¡Fuera de aquí! ¡Vete! ¡Este no es tu sitio!». Yo pensé enseguida: «Otro caso de aborto»... Pero estaba equivocado. Ante la insistencia de los gritos de Muzio, le observé atentamente y pude advertir que no se estaba dirigiendo a la mujer, sino a alguien o algo que estaba muy cerca de ella y tal vez encima de ella.

Tal como Muzio me contó, él veía encima de la mujer, abrazado a su cuello, un niño pequeño. Pero aquel niño ya no pertenecía a este mundo porque se había muerto; sin embargo, su espíritu se negaba a abandonar la compañía de su madre y no se iba a donde le correspondía tras su «desencarnación». Los detalles dados por el matrimonio coincidían totalmente con lo que Muzio decía. Y la madre percibía también la presencia de su hijo muerto, aunque ella sin verlo, y se quejaba de una asfixia y de una pesadumbre constante que la molestaba día y noche.

Ante un caso así, un médico convencional comienza por no creer lo que le están contando y lo achaca a unas cuantas cosas que médicos y psiquiatras conocen muy bien. Sin embargo, comenzó todo un rito de increpaciones al espíritu desencarnado, mezcladas con razones para convencerlo de que estaba equivocado en su conducta, que debía alejarse de sus padres y regresar al más allá, donde él pertenecía. Les dio unos cuantos consejos a sus padres de cómo tenían que actuar, atendió una pequeña dolencia del niño que venía con ellos y los despachó.

Discutir aquí la veracidad de casos como este nos apartaría del tema que estamos tratando. Sin embargo, no quiero dejar de hacer alguna breve consideración. Los médicos, debido a su formación universitaria, están totalmente bloqueados para tratar ningún caso como este o parecido a él, porque sencillamente no lo admiten como real, y muchos de ellos ni siquiera como posible. Por lo tanto, no solo no han sido entrenados para enfrentarse a una situación como esta (como no sea desde un punto de vista psiquiátrico), sino que no pueden admitir que se dé tal situación. Y esta puede ser la razón de que no se les presenten casos como este, porque los que los padecen, sabiendo cómo piensan los médicos, no acuden a ellos.

Sin embargo, en este particular las cosas no son tan simples como pretenden los partidarios de la medicina académica. Son infinitos los casos en que tras el fallecimiento de alguna persona alguien ha comenzado a comportarse de una manera totalmente desacostumbrada, ha sentido una presencia que se apodera de su ser o ha sido vista repetidamente y por muchas personas una figura etérea que se parece a la persona difunta, o han comenzado a suceder en la casa cosas inexplicables, etcétera. Se han dado en todas las épocas y se siguen dando, y de ello hay testigos entre todas las clases sociales. Y todas las teorías que se han inventado para explicarlos, para negarlos o para desacreditar a los testigos, se han quedado en teorías, que a veces son mucho más increíbles que los hechos mismos que intentan destruir.

Yo sabía que Muzio hacía también operaciones utilizando un bisturí, pero en ningún momento le vi hacer nada por el estilo, ni siquiera hacer referencia a ello. Cuando, tras una agotadora jornada, pasó el último enfermo, Muzio volvió a sentarse en una postura relajada en su silla detrás de la mesa, echó la cabeza hacia atrás con los ojos cerrados y permaneció en esta postura dos o tres minutos completamente inmóvil. Al cabo de este tiempo sacudió un poco la cabeza y fue abriendo lentamente los ojos, miró a su alrededor como si estuviese entrando entonces de nuevo en la habitación y no conociese a los que estábamos allí y, con su voz natural (que no había tenido en las horas que duraron las consultas), comenzó a dirigirnos la palabra, preguntándome qué me había parecido todo lo que había visto. Según me dijo (y esto es voz común entre casi todos los médiums), no se acordaba absolutamente de nada de lo que había pasado durante las consultas.

Al cabo de un rato le pregunté si no tendría ocasión de verle hacer alguna operación. Me explicó entonces que tenía que andar con mucho cuidado, porque ya en varias ocasiones la Asociación Médica de Minas Gerais le había amenazado.

Él tenía un álbum donde guardaba fotografías suyas haciendo operaciones, y hasta me explicó que en años pasados, y por haber curado a un militar muy importante, había tenido una gran protección para llevar adelante su labor curativa. Pero aquel militar ya había muerto o lo habían trasladado y ya no tenía quien le protegiese. Sin embargo, sí estaba dispuesto a permitir que yo le viera actuar en una operación de ojos en caso de que al día siguiente viniese alguien que tuviese algún mal en la vista. Me dijo que más tarde me diría si iba a venir alguien en esas condiciones.

Cuando pasadas varias horas le pregunté si ya sabía si al día siguiente iba a venir alguien necesitado de alguna operación en la vista, me dijo que sí, que iban a venir varios. Y aquí entramos de nuevo en el terreno espiritista, aunque a algunas personas se les haga difícil admitir los hechos. El motivo de que Muzio supiese si al día siguiente iba a venir alguien necesitado de alguna operación en la vista fue, según sus palabras, «porque mi espíritu-guía me lo había dicho».

Luego supe que Muzio no da un paso de importancia ni hace plan ninguno para el futuro sin consultar a su espíritu-guía. En mis conversaciones con él pude ver cómo en muchas ocasiones se queda callado, cierra los ojos, echa la cabeza un poco hacia un lado (como para oír algo que alguien le dice al oído) y enseguida contesta a la pregunta difícil o referente al futuro que se le haya hecho. No tenemos que olvidar que estamos ante un psíquico extraordinario.

Su espíritu-guía le dijo que al día siguiente vendrían algunos pacientes con males en la vista, y efectivamente al día siguiente hubo por lo menos tres personas aquejadas de alguna afección en los ojos.

Recuerdo en especial dos de ellas. A una mujer que se quejaba de que algo le dolía en la parte superior del ojo, Muzio le introdujo por la parte superior del mismo el mango del bisturí (de un grueso como el de un cuchillo ordinario) hasta bien adentro, y con él hizo ademán de raspar; la «operación» me pareció un tanto ruda y la fotografié lo mejor que pude. Cuando sacó el mango del bisturí, traía colgando una especie de hilo, que daba la impresión de ser materia orgánica, pero tengo que confesar que desconozco en absoluto de qué se trataba. Muzio le aseguró que aquello era lo que la molestaba y que en adelante ya no sentiría más molestias. Desconozco si la «operación» fue exitosa y me limito a dejar consignado el hecho, para mí paranormal, de alguien a quien le meten hasta el fondo del ojo un objeto metálico bastante grueso y dice que no siente nada, y de hecho se deja hacer y deshacer cuando a los demás nos daba grima ver lo que estábamos viendo.

La próxima operación consistió en la extirpación de un grueso pterigio (llamado también «nube de ojo») que cubría prácticamente todo el iris de un hombre mal vestido, flaco y muy nervioso. Muzio, al mismo tiempo que le miraba el ojo, le preguntó si él quería operarse y si creía que él era capaz de curarlo. El hombre le dijo que sí. De inmediato

Muzio se acercó a él con su viejo bisturí; me dijo a mí que le sujetase la cabeza y le dijo a él que se pusiese a rezar. Sin asepsia ni anestesia de ninguna clase, y empuñando fuertemente el bisturí, colocado este en una posición vertical, empezó a cortarle el pterigio con movimientos hacia arriba y hacia abajo, haciendo avanzar el filo entre la córnea y el pterigio. La operación no era nada fácil, a juzgar por los fuertes movimientos de cabeza del campesino, que dificultaban aún más la cosa.

Muzio se detuvo, contrariado al ver que apenas avanzaba, y recuerdo perfectamente este diálogo:

—¿Pero por qué mueve tanto la cabeza?

—Porque tengo miedo.

—¿Pero no me dijo usted que tenía fe en Jesucristo?

—Sí, la tengo. Pero tengo miedo.

—Pero ¿le duele o no le duele?

—No, no me duele.

—Pues entonces rece y no se mueva.

Para entonces ya medio pterigio estaba separado de la córnea, pero Muzio no siguió en su intento de terminar de separárselo todo; se retiró murmurando medio sonriente algo contra la valentía y la fe de aquel hombre. (Yo más bien pensaba que la valentía y la fe de aquel hombre merecían una laureada y una canonización). Aproveché aquel momento para examinarle por mí mismo el ojo. Lo tenía entonces cerrado y muy aguado. Con un dedo pulgar le levanté el párpado para ver qué era lo que hasta entonces le habían hecho. Cuando estaba haciendo esto, por debajo de mi codo levantado apareció bruscamente la mano de Muzio empuñando unas largas tijeras, y sin detenerse un segundo, sin cerciorarse bien dónde iba a poner la punta de la tijera, dio un corte único y certero, y pude ver con asombro cómo el pterigio entero caía del ojo de aquel pobre hombre, quedando col-

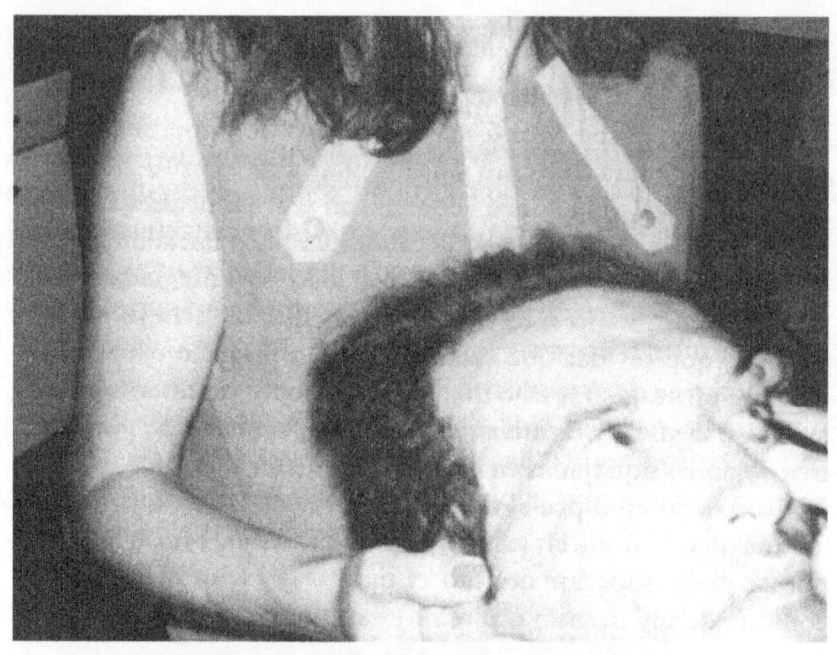

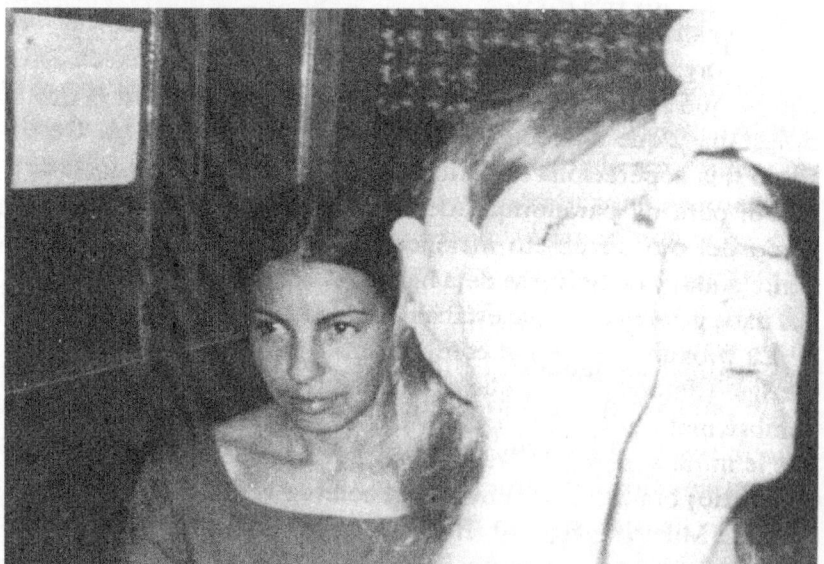

Dos fotografías de las operaciones de ojos practicadas por Muzio que se comentan en el texto.

gado únicamente por una especie de venita o filamento que salía del lacrimal.

Muzio ya se retiraba hacia su mesa, hablando otra vez solo, y yo tuve que llamarlo para hacerle ver que el pterigio estaba colgando. Volvió enseguida y, con otro corte rápido, le cortó el filamento. Como no se lo cortó a ras, yo volví a indicarle, pero él, dándose media vuelta dijo que aquello se le secaría enseguida.

Yo estaba tan aturdido con lo que había visto, con la rapidez de toda la operación, con la brusquedad y la falta de cuidado, y con lo «imposible» de toda la operación, que no acababa de salir de mi asombro. La intervención de Muzio se me antojó como la acción de un torero cuando entra a matar.

Pero allí estaba el hombre delante de mí, restregándose su ojo enfermo y tratando de taparse el sano para ver si la operación había tenido resultado. Le pregunté si veía mejor y me contestó que ahora sí veía, porque antes no podía ver nada con claridad con aquel ojo.

Esta «operación» se la he contado a más de un oculista amigo y lógicamente ninguno me cree. Todos me argumentan que es imposible por una serie de razones que, sin duda, son válidas dentro de los parámetros de su ciencia oftalmológica.

Pero aquí no estamos dentro de ninguna ciencia oftalmológica, y esto es lo que tienen que comprender los médicos. Lo que Muzio y otros muchos curanderos, brujos, y yoguis hacen por esos mundos de Dios no es «aprendible», ni siquiera es practicable usando los métodos que están al alcance de una persona normal. Aquí estamos en un plano paranormal, regido por unas leyes paranormales, y estamos ante un hombre que se sale de lo ordinario y que, sabiéndolo o sin saberlo, usa leyes y métodos paranormales. Como en

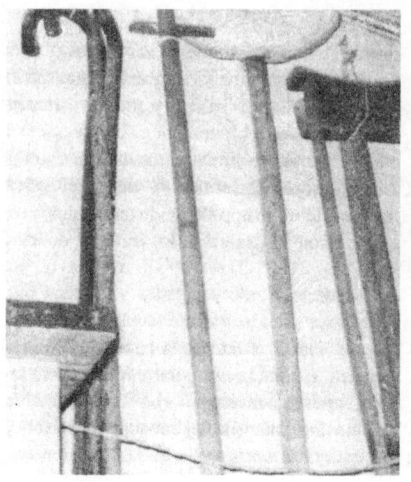

Exvotos que cuelgan del techo del modesto hospital, dejados por los que aseguran haber curado de sus males. A juzgar por lo que uno ve, fueron muchos los que no necesitaron ya más de sus muletas y lentes.

este caso el fin y el propósito de sus esfuerzos coincide exactamente con el fin y el propósito de un oftalmólogo que se propusiese extirpar un pterigio, no es de extrañar que los métodos para llegar al mismo fin se parezcan y hasta coincidan en algunas ocasiones. Pero nunca debemos olvidar que son dos realidades y dos planos existenciales distintos, y todos los antagonismos, celos, disputas y persecuciones que haya entre estos dos niveles de realidad serán indicio de que quienes los practican no han evolucionado todavía lo suficiente para comprender de qué se trata.

Años después de haber conocido a Muzio y colaborado con él, pude ver en Caracas al sanador mexicano Fidel Ramos practicando el mismo trabajo de extirpar pterigios. Fidel Ramos no usaba ni bisturí ni tijeras; su instrumental consistía en un pedacito de cartón (que él decía que «metalizaba» con el toque de sus manos) y en una toallita de papel.

Con esos rudimentarios instrumentos extirpó ante los asistentes a un congreso de parapsicología y ante las cámaras de un circuito cerrado de televisión un buen número de pterigios. Todas sus intervenciones (que no se limitaban a extirpar pterigios, sino a cuanta enfermedad se le presentaba) fueron practicadas ante la mirada inquisidora de un grupo de médicos invitados especialmente para «legalizar» con su presencia los trabajos del curandero.

Limitándonos a sus trabajos como «oculista» y a juzgar por lo que decían sus pacientes, hay que decir que Fidel Ramos era capaz de hacer una labor extraordinaria. Y no solo tenemos que atenernos lo que decían sus pacientes, sino que podemos aducir en su favor el testimonio de un oftalmólogo venezolano que, con mente abierta, quiso probar en sí mismo la eficiencia del sanador mexicano y le instó a que tratase de extirparle un pterigio que él tenía en su ojo derecho. Fidel, sin inmutarse, le hizo tender en la mesa de operaciones, echó mano de su cartoncito y en poco más de un minuto tenía la opaca callosidad adherida a la toallita de papel.

El oftalmólogo, que ante lo que había visto en otros pacientes ya había reconocido que no explicaba cómo podía hacerlo, prefirió dejar para el día siguiente el juicio de su propia operación. Al día siguiente, ante todos los asistentes al congreso, reconoció que su pterigio había en verdad desaparecido y felicitó al curandero por su arte. No solo eso, sino que le pidió que le permitiese en su presencia intentar hacer lo mismo que él hacía. Fidel Ramos le dio algunas instrucciones y el oftalmólogo intentó lograr con otro paciente lo que Fidel había hecho con él. Sin embargo, no lo consiguió.

A mi manera de ver y por no conocer en profundidad el fenómeno en que él mismo está envuelto, el curandero mexicano cometió en aquel momento un grave error y fue el culpable indirecto de que el oftalmólogo venezolano no hubiese sido capaz de hacer lo mismo que él hacía, aunque hubiese sido de una manera imperfecta. El error consistió en que se apartó varios metros de él, cuando lo que debería haber hecho era haberse quedado lo más próximo posible a él y haber tenido su mano extendida cerca del ojo del paciente mientras era intervenido. Al alejarse, lo sacó de su «campo de fuerza» (algo que la física moderna conoce muy bien), siendo esa la causa de que el oftalmólogo no lograse su propósito. Yo mismo he hecho con mis manos operaciones que de ninguna manera hubiese podido hacer de no haber estado a mi lado el curandero. Más tarde profundizaré en esto.

Todavía sin salirnos de los curanderos que trabajan con instrumentos, presentaremos otro caso en el que, a mi modo de ver, resplandecen más claramente las cualidades tanto positivas como negativas de este tipo de medicina paranormal. Me refiero a la mexicana Pachita (su verdadero nombre era Bárbara Guerrero), a la que tantas personas deben su salud y a la que no pocas deben su vida, no importa que con bastante frecuencia algunas de estas personas de la «alta sociedad» nieguen haber mejorado en su salud y hasta nieguen haber sido tratadas por ella.

Pachita falleció en 1979; calculo que tendría alrededor de 70 años; vivía en la ciudad de México y no operó en su vida a menos de 40 000 personas, con la posibilidad de que esta cifra sea el doble y hasta el triple. En los últimos años de su vida, cuando yo la conocí, ya solo recibía enfermos y operaba una o dos veces por semana. Por entonces, las consultas podrían estar entre ochenta y cien cada vez y las operaciones oscilaban entre sesenta y ochenta semanales.

Y en este punto tengo que puntualizar un detalle que inquieta sobremanera a algunas personas en lo referente a los curanderos. Pachita cobraba por sus intervenciones una cantidad bastante módica, muy inferior a lo que cobran muchos profesionales de la medicina; más bien yo diría que lo que ella personalmente cobraba era una cantidad ridículamente módica si la contrastamos con los males que curaba en muchas ocasiones o por lo menos con los tremendos esfuerzos que hacía para ello. Porque no tenemos que olvidarnos que un cirujano cobra por la operación prescindiendo de que esta sea exitosa o no.

Antes de ponerse a operar, Pachita caía en trance de forma voluntaria. Tenía un rito curioso. Se sentaba en una esquina de la sala en penumbra y hacía que le pusiesen por encima de todos sus vestidos una especie de túnica (muy vieja y que se veía que había tenido mucho uso). Se quedaba en silencio con los ojos cerrados por espacio de algunos minutos y cuando se levantaba ya estaba dispuesta para comenzar su sesión de operaciones.

Durante el trance hablaba prácticamente igual, tal vez algo más sentenciosa y más parca de palabras, refiriéndose muy frecuentemente al «hermanito» (el indio Cuauhtémoc, que según ella era quien le ayudaba en sus operaciones); pero si no se la hubiese visto momentos antes sumida en una profunda meditación, no se sospecharía que estaba en estado de trance.

El escenario inmediato de las curaciones era el siguiente: una mesa bajita y alargada encima de la cual se tendían los enfermos, y una silla al lado de la mesita para que Pachita se sentase en ella mientras hacía las operaciones. Cuando tenía algún huésped con el que quería ser especialmente deferente, le dejaba que se pusiese al otro lado de la mesa, frente a ella, para que le ayudase activamente en la operación. Todavía solía tener alguna persona (que con mucha frecuencia era un médico) para que le ayudase con los algodones, un ayudante especial para que le entregase y le recogiese su famoso cuchillo y otra persona más (habitualmente alguno de sus hijos o familiares) para que le trajese alguna «pieza» especial que ella necesitase.

Naturalmente, habrá que hacer una presentación especial del cuchillo de Pachita. El cuchillo era su «bisturí» y prácticamente todo su instrumental. Era un viejo cuchillo de monte, prácticamente un puñal con la hoja oxidada, de algo más de veinte centímetros de largo por cuatro y medio de ancho cerca de la empuñadura, y me dio la impresión de que esta la tenía toda rodeada de cinta adhesiva y aislante de color negro, la misma que usan los electricistas. En general, cuando la curandera iba de un lado a otro, lo llevaba cuidadosamente envuelto en un paño y guardado en un gran bolsillo debajo de su delantal. Ese cuchillo era su tesoro más preciado.

Para que se vea hasta qué punto lo apreciaba, contaré una anécdota, totalmente fidedigna, sucedida en una gran casa de gente rica a donde había sido llevada a toda prisa una noche (casi a la fuerza) para operar a alguien que se había puesto grave de repente. Coincidía que aquella misma noche se daba en esa misma casa una gran fiesta en honor a Uri Geller, que por aquellos días estaba en la cumbre de su fama y había tenido varias actuaciones muy sonadas en México. Pachita sabía que su fuerte era doblar objetos de metal, en especial piezas de vajilla. Cuando vio toda aquella gente, preguntó qué pasaba allí y le dijeron que era para honrar a Uri Geller, al que le señalaron en medio de la concurrencia. La noticia no le gustó. Se detuvo, buscó entre sus ropas su cuchillo, llamó a su hijo Guillermo, y medio al oído le dijo, mientras miraba de reojo a Uri Geller: «Hijo, llévate ese cuchillo para allá, porque ese cabrón es capaz de doblármelo». La anécdota me fue contada por la misma dueña de la casa, quien estaba al lado de Pachita cuando esta pronunció su anatema.

Todos los que iban a ser operados sabían que tenían que llevar tres cosas: alcohol, una sábana (que se tendía en la mesa cuando les tocaba su turno y con la que eran envueltos y depositados en el suelo durante un buen rato una vez terminada la operación) y uno o dos paquetes de algodón (que se ponía a los costados de la parte que se iba a operar para que absorbiese la sangre que pudiese salir).

No sé si fue por mi condición de sacerdote dedicado al estudio honesto y sincero de todas estas cosas, o por alguna otra razón, pero lo cierto es que Pachita me dejó estar frente a ella al otro lado de la mesa de operaciones durante todo el tiempo y allí pude observar de cerca cómo se desenvolvía todo aquel extraño fenómeno.

Si las operaciones de los filipinos llenaban de incredulidad a los médicos, las operaciones de Pachita son como para enloquecerlos. En las de los filipinos hay la fácil explicación del truco, ya que no se ve claramente qué es lo que pasa debajo de las manos, pero en las de Pachita la explicación se hace mucho más difícil, ya que está el cuchillo de por medio, un cuchillo real que hace unas incisiones perfectamente visibles y que se hunde en la carne sin lugar a dudas.

El primer paciente del día en el que yo estuve allí fue un anciano que, según había dicho Pachita, tenía un tumor cerebral. Cuando estuvo tendido en la mesa de operaciones, Pachita le pidió en voz baja a su hijo que trajese una sierra. A los pocos segundos su hijo volvió con la mala noticia de que no encontraba la sierra. Entonces Pachita masculló algunas palabras de disgusto, levantó su mano derecha, en la que desde atrás el encargado le puso el cuchillo y, diciendo «en el nombre de Dios», se lo hundió en el temporal izquierdo como unos cinco centímetros. Yo no podía dar crédito a lo que estaba viendo. Pero aquello estaba sucediendo allí, a pocos centímetros de mis ojos. Confieso que si aquella tarde no hubiese visto más cosas que aquella, yo hubiese pensado que vi mal, que aquello fue una pura alucinación o algo por el estilo. Pero aquella tarde tuve ocasión de ver cosas todavía más asombrosas, y por eso no tengo más remedio que admitir que la primera operación que vi fue auténtica.

En cuanto hubo hundido el cuchillo en la cabeza del anciano, me dijo con tono imperativo: «Aguante el cuchillo». Y enseguida me indicó: «Abra un poco». Se refería a que yo retorciese un poco el cuchillo de modo que la abertura se abriese algo. Hice lo que me pedía y noté la dura resistencia del hueso. El enfermo daba señales de estar sintiendo dolor, porque se quejaba y se retorcía un poco. Ella le dijo que aguantase un momento porque pronto terminaba. Entonces metió unas tijeras por la brecha y sacó unos pequeños filamentos. También anduvo haciendo algo con los dedos, que no pude distinguir bien. En verdad yo no estaba preparado para tanto y estaba todavía en proceso de aclimatación anímica y visual para algo que estaba más allá de toda lógica. Por eso en los primeros momentos y durante toda esta primera operación estuve como aturdido tratando de explicarme lo inexplicable y haciendo una autoinspección de mi mente, preguntándome si yo no estaría hipnotizado, sugestionado o algo por el estilo.

Pero allí mismo en la habitación, los presentes, sin importarles lo que estaba pasando en la mesa de operaciones, hacían chistes en voz baja, acostumbrados ya a lo increíble.

Oí la voz de Pachita que me decía: «Vaya sacando poco a poco». Así lo hice. Vi cómo el doctor Castellanos (un médico muy prestigioso que con bastante frecuencia la ayudaba en las operaciones) juntaba todos los algodones que había previamente colocado alrededor de la herida, y cuando hubo limpiado bien la sangre que había brotado y retirado los algodones empapados, en el cráneo calvo de aquel hombre no quedaba absolutamente ninguna cicatriz. Pachita levantó la mano sin volverse para entregar el cuchillo, y dos hombres que charlaban en la sala envolvieron al operado en la sábana en la que yacía y lo tendieron en el suelo, en una habitación contigua. Había terminado la primera de unas treinta operaciones similares que aquella tarde pude presenciar.

Lo asombroso de todo esto, o más bien, otra de las muchas cosas asombrosas que allí sucedían, era que Pachita operaba con los ojos cerrados, por lo que yo pude apreciar. Puede ser que alguna vez los abriese, pero por lo general, aun en el momento de ejecutar cosas delicadas, los tenía cerrados. Esto nos lleva a situarnos una vez más en el plano exacto en que todas esas cosas suceden. No estamos simplemente ante una mujer que ha adquirido, de la manera que sea, una destreza para operar; estamos ante una mujer que no sabe cómo, ni por qué, haciendo cosas que se parecen a las operaciones quirúrgicas de los médicos, logra a veces curar enfermedades, aunque usando medios que lógicamente no son adecuados en muchas ocasiones para lograr la curación del enfermo.

Antes dije que no sabe cómo ni por qué hace lo que hace, aunque ella nos diría categóricamente que es porque el «hermanito Cuauhtémoc» (el último emperador azteca, muerto por Cortés) toma posesión de ella cuando está en trance. Los médicos, por lo tanto, no deberían sentirse celosos de Cuauhtémoc, ya que, de ser cierto lo que dice Pachita, un espíritu del otro mundo hará naturalmente cosas muy extrañas y superiores a las que los médicos puedan hacer; y de no ser cierto lo que dice Pachita, no deberían preocuparse por las aseveraciones de una anciana alucinada. Pero en lo que sí fallan los médicos es en no preocuparse de averiguar por ellos mismos si es cierto o no que tales cosas suceden en la realidad. Saber cómo es posible, eso vendría más tarde. Pero como «eso no es posible» no se preocupan de averiguar más y tratan de embaucadores a quienes dicen que hacen tales cosas. Por lo tanto, su pecado está en no tomarse el trabajo de averiguar.

Sin embargo, yo les daría un consejo importante a todos aquellos que, llevados de una genuina curiosidad (y dando al mismo tiempo señales de tener una mente más abierta y hasta más profunda), se decidan a investigar honestamente si todas estas cosas son ciertas.

Yo les diría que tienen que ir preparados psíquicamente para que no vayan a recibir el shock que recibió un cirujano que fue un día a ver operar a Pachita. Se puso en el mismo lugar en el que yo me puse y vio cómo Pachita hundía su cuchillo repetidamente en uno y otro paciente. Cortó él mismo con unas tijeras lo que Pachita le dijo que cortara. Se cercioró de que todas aquellas «locuras» eran reales, porque él conocía muy bien el cuerpo humano y podía ver que Pachita estaba en realidad abriéndolo con su imposible cuchillo. No pudo más. Llamó al doctor que le había llevado hasta allí y le dijo: «Sácame de aquí, porque si estoy un minuto más me vuelvo loco, o no vuelvo a coger un bisturí en toda mi vida». Preguntado que por qué reaccionaba de aquella manera, siguió diciendo: «Aquella mujer, a la que Pachita le cortó la vena X, debería ahora estar desangrada. Y aquel hombre, a quien yo le corté el conducto Z, debería ahora estar muerto. ¡Y están vivos! Lo que aquí pasa es imposible y, sin embargo, ¡es cierto!».[7]

Una posición totalmente lógica de un hombre inteligente pero que no estaba preparado para ver lo que vio. Su mente,

---

[7] Como contraste a esta reacción, el doctor Hiroshi Motoyama, a quien llevé a ver operar a Pachita, me agradeció vivamente el que le hubiese dado la oportunidad de contemplar hechos paranormales tan claros.

al igual que las mentes de los científicos, está completamente condicionada por lo que oye en la universidad, y por eso se le hace más tarde tan difícil romper el cerco del «cientifismo». Solo los más inteligentes son capaces de romperlo cuando por pura deducción caen en la cuenta de que necesariamente en ese universo tan vasto tiene que haber muchas cosas que la mente humana no puede entender, y tiene que haber muchas cosas que la mente humana no ha descubierto todavía.

La segunda operación que yo presencié fue una operación cardíaca. Se trataba de una mujer joven y gruesa y de grandes pechos. Pachita no dudó un momento; levantó su mano, le pusieron en ella el cuchillo e, invocando como siempre el nombre de Dios, hizo desaparecer con bastante rapidez más de la mitad de la hoja del cuchillo en el pecho izquierdo. Aquello era impresionante. Como en la operación anterior, me dijo a mí que sostuviese el cuchillo y que intentase abrir un poco. Ella introdujo sus dedos y los movía allá en el fondo mientras por la herida salía bastante sangre, que se detenía en los algodones colocados en sus costados. La mujer era muy nerviosa y se agitaba mientras Pachita la operaba. En un momento se detuvo y le dijo: «¿No sabes rezar? ¡Reza, canija, reza, y déjame trabajar!». De nuevo volvió a darme la orden anterior: «Vaya sacando poco a poco el cuchillo. Poco a poco». Recuerdo que me impresionó ver que la hoja iba saliendo lentamente de aquella masa sanguinolenta. De nuevo el doctor que nos ayudaba limpió bien la abundante sangre, y cuando dio la última pasada con los algodones ya no quedaba señal alguna de la tremenda herida que allí había habido solo unos segundos antes.

Cada operación duraba alrededor de un minuto. En algunas se detenía algo más, pero en otras, en cambio, lo que era la estricta intervención de Pachita apenas llegaba a los sesenta segundos. Vi todo tipo de operaciones, terminadas las cuales, indefectiblemente los operados eran envueltos en sus sábanas y llevados por dos ayudantes a la habitación contigua, en donde los depositaban en el suelo. Al cabo de dos horas, aquello parecía la morgue de un hospital.

Precisamente aquel día había estrenado una gran alfombra que le habían regalado para esta habitación a donde trasladaban después a los operados. A veces, en medio del trabajo, oíamos los quejidos de algunos de los enfermos que yacían en el suelo. Pachita por lo general no hacía caso, pero en dos ocasiones se detuvo en medio de la operación y prestó atención. En la primera de ellas interrumpió lo que estaba haciendo y sin decir nada fue hacia la persona que se estaba quejando y le dio una especie de masaje. En la segunda, sin que nadie se hubiese quejado, se levantó y fue directamente a la mujer joven que había operado en el corazón y se inclinó sobre ella sin que yo pudiese ver lo que le hizo. A la vista de ello, uno no puede dejar de pensar que se trataba de telepatía.

De todas las operaciones de que fui testigo, recuerdo especialmente dos: la de un sacerdote católico que llegó a la consulta en su silla de ruedas, y la de un uruguayo. Este último había tenido ya una previa operación en un hospital en la que le habían extirpado un riñón, y se quejaba de que el riñón que le quedaba le estaba funcionando mal. Tenía un color muy sospechoso y todo su aspecto era el de una persona bastante enferma.

Pachita le dijo sin ambages y a quemarropa: «Estás bien fastidiado. Pero vamos a ver lo que se puede hacer». Llamó a su hijo y le habló al oído. Presumo que le estaba pidiendo alguna «pieza» para injertársela al enfermo. Su hijo le dijo con un gesto de la cabeza que no había. Pachita se quedó por un momento pensativa y de repente levantó su brazo, con la mano entreabierta pero sin el cuchillo, mientras decía: «En el nombre de Dios...».

Y aquí no puedo menos de hacer un paréntesis a fin de preparar al lector para lo que viene. Porque lo que viene es increíble si lo hemos de juzgar por las normas del sentido común y de la sana lógica. Lo que viene es otra clave más de que estamos ante «otra realidad». Lo difícil es admitirlo y convencerse de que no es una alucinación; pero una vez que uno se convence de ello, entonces no tiene por qué seguir devanándose los sesos para buscar explicaciones racionales o para encontrar una «mecánica física»; no la hay, como tampoco hay explicaciones racionales si la única razón que está en juego es la razón tridimensional humana, que se informa únicamente mediante los cinco sentidos conocidos. Esta razón humana es maravillosa para comprender las cosas de nuestra realidad, pero es muy rudimentaria para explicar la totalidad de las otras realidades del universo.

Cuando Pachita, con su brazo levantado dijo «En el nombre de Dios», vi aparecer repentinamente un pedazo de carne rojiza entre sus dedos. Ni lo miró; sencillamente lo tiró en el gran hueco que le había abierto al uruguayo, en la parte de atrás de la espalda. Ni se tomó la molestia de colocarlo. Se cruzó de brazos (que era la señal de que ya había terminado) y dijo una vez más la consabida palabra: «Otro».

Yo, instintivamente, miré al doctor Castellanos para cerciorarme de que él había visto lo mismo que yo. Me miró, sonrió y se encogió de hombros. En su lenguaje mudo me estaba diciendo lo que más tarde me diría de palabra: que aquello lo había visto ya en otras ocasiones y que si seguía viniendo a ayudar a Pachita, tal como él lo había hecho por espacio de seis años, iba a ver cosas más extrañas todavía.

Confieso, y esto es imperdonable, que no supe más del uruguayo y de su riñón celeste. Por un lado, y en mi defensa, tengo que decir que yo estaba de paso en México y que en realidad se me hubiese hecho difícil seguir la pista a un individuo en aquella ciudad, y por más señas extranjero, que probablemente también estaba de paso.

La otra operación que dije que quería reseñar entre las muchas que vi hacer a Pachita fue la de un sacerdote católico, corpulento, que llegó en una silla de ruedas, con una parálisis total de la cintura para abajo. Lo tumbaron boca abajo en la mesa. Pachita me dijo que tocara en su columna vertebral para que notara un hueco raro que allí había. Efectivamente, lo noté hacia la cintura. Dijo que le iba a poner algo. Llamó a su hijo y le dijo algo en secreto. Cuando ya lo había abierto vi que le metía algo que me pareció una vértebra, pero una vértebra más pequeña y de color oscuro.

Aunque no soy médico, me doy muy bien cuenta de que incrustar una vértebra de la manera que ella quería hacerlo es totalmente imposible, pues hay que contar con la médula que va por dentro, aparte de las mil complicaciones nerviosas que necesariamente tienen que surgir. Pues bien, no es que ella quisiese hacerlo, es que lo hizo, o por lo menos tal fue la impresión que nos quiso dar. Y por si tuviésemos alguna duda, hizo algo que nos dejó todavía más perplejos: le dio la vuelta al cuchillo, lo empuñó por la hoja y, usándolo a modo de martillo, se dedicó a golpear sobre la pieza dura que acababa de colocarle para que entrase bien. El ruido seco de los golpes se escuchaba claramente en toda la sala. Me imagino que si el cirujano de marras hubiese estado entonces todavía presente, se hubiese desmayado o se hubiese vuelto loco sin más, pero yo estaba ya para entonces tan curado de espantos que me limité a encogerme de hombros y a esperar a ver cuál era el resultado de la operación.

Creo que el sacerdote era ya la segunda vez que venía. Ciertamente no caminó, pero Pachita desde el principio había dicho que su caso era grave y tenía que volver todavía más veces.

Por otra parte, sí puedo afirmar que un señor, que según Pachita tenía un tumor (o un coágulo) en la cabeza y a quien esta abrió el cráneo (operación en la que participé muy activamente), llegó a la mesa de operaciones con un brazo totalmente encogido y tullido, sin poder extenderlo, al igual que los dedos de la mano. Pues bien, este señor, una vez terminada la operación, estando sentado sobre la mesa en la que lo operaron, fue estirando poco a poco el brazo, cosa que antes no podía hacer, y con la ayuda de sus excitados familiares fue abriendo los dedos de la mano que hacía meses que no podía abrir por más fuerza que se hiciese sobre ellos.

Operó también aquel día, bajo protesta, a otros dos ancianos que no podían ver. Daba verdadera grima y miedo verla trastear los ojos con aquel instrumento tan desproporcionado. Los ancianos creo que no tuvieron mejoría alguna, pero Pachita se había resistido a operarlos y solo lo hizo porque la forzaron mucho tanto sus propios familiares como los de los ancianos.

Y en este punto hay que tener presente siempre una cosa. En general, a los curanderos llegan los casos desesperados ante los que la medicina normal se ha declarado impotente. Y Pachita, precisamente comentando su fracaso con estos dos ancianos operados de la vista, lo resumió tajantemente a un pequeño grupo que nos despedíamos con estas palabras: «¡Claro, aquí vienen cuando ya están bien jodidos!».

Al que me diga si no sería una alucinación, o sugestión, o algo por el estilo lo que yo experimenté en las horas que estuve ayudando a Pachita, únicamente le daré este detalle: durante la noche de aquel día tuve que estar no menos de media hora quitándome la sangre que tenía metida e incrustada alrededor y bajo las uñas. Aparte esto, pude distinguir, por primera vez en mi vida, a qué huelen las entrañas humanas y la diferencia que hay entre el olor de estas y el nauseabundo olor de algunos tumores.

Quien desee conocer más detalles acerca de esta extraordinaria mujer (poco conocida para las increíbles cualidades de que estuvo dotada), le aconsejo leer el precioso librito del doctor Jacobo Grinberg-Zylberbaum titulado *Las manifestaciones del ser. «Pachita»* (Edamex, México, 1980), escrito con una profunda filosofía y con verdadero amor hacia la psíquica curadora. El autor, que durante un tiempo fue un íntimo colaborador de Pachita, narra con un conocimiento de primerísima mano un gran número de operaciones en las que él participó muy activamente. A través de sus páginas, el lector encontrará la contundencia y hasta la rudeza del lenguaje de la psíquica y descubrirá también la ternura especial que el hermanito Cuauhtémoc tenía a través de Pachita y que se manifestaba en su lenguaje, sobre todo cuando se dirigía a algunos enfermos.

8

TRATAMIENTOS MERIDIÁNICOS

A principios de la década de 1970 la Asociación Médica de Puerto Rico emitió un comunicado por el que desautorizaba, y prácticamente prohibía, la instalación de clínicas en las que se practicase la acupuntura, «por ser este un método científico no aprobado y ajeno a las prácticas admitidas en la medicina occidental». Una declaración ex cátedra de sus santidades los galenos.

Pero tal decisión no tuvo eficacia alguna, y a los pocos años pululaban los médicos que practicaban este «método no aprobado». Este es solo un ejemplo de cómo la «ciencia oficial», anquilosada y con muchos intereses creados, se ha opuesto al avance de la verdadera ciencia, y, en consecuencia, al bienestar y al mejoramiento de la humanidad.

Seré muy breve en lo que diga de la acupuntura, pues ya se ha escrito mucho sobre ella y prácticamente ya ha sido admitida en la medicina occidental, pese a la reticencia con que todavía se habla de ella en algunos ambientes universitarios.

La acupuntura consiste básicamente en equilibrar y armonizar las energías que surcan todo nuestro organismo. La medicina occidental ha procurado ignorar hasta hace muy poco la existencia de tales energías, y prácticamente prescindía de ellas cuando intentaba curar las enfermedades.

Los médicos chinos, que son los grandes especialistas de ese método, tampoco saben definir con gran exactitud de qué energías se trata, pero conocen cabalmente sus efectos sobre el organismo y saben cómo canalizarla y equilibrarla mediante el uso de finas agujas que se insertan en la piel en determinados puntos. Estos puntos (de los que los buenos especialistas conocen y usan más de quinientos) están situados a lo largo de unos «canales» o líneas por donde fluye esta misteriosa energía.

Las propiedades de estos puntos varían mucho. Los hay que son buenos para curar unas enfermedades, mientras que son absolutamente ineficaces para curar otras; y mientras unos son buenos para sedar, otros son buenos para activar, siendo a veces la activación de un mismo punto buena para varias enfermedades diferentes.

Estos «canales» o líneas de energía no tienen que ser confundidos de ninguna manera con las otras «redes» o urdimbres que tenemos en el organismo, como son la red de venas y arterias o la red nerviosa. Estas líneas de la acupuntura no tienen una red propia visible. Sencillamente la energía fluye siempre por los mismos sitios, atravesando indistintamente vísceras, glándulas, tejidos y músculos, usando siempre el mismo camino. El primer conocimiento de un acupuntor es saber cuáles son esas líneas llamadas meridianos, y dentro de ellas, cuáles son los puntos específicos en donde la energía se puede bloquear o se puede entrecruzar con la que fluye por otros meridianos.

Como dije anteriormente, no pretendo de ninguna manera dar aquí un pequeño retrato de acupuntura, ya que el lector interesado podrá encontrar muy buenos libros en los que detalladamente se trata de toda esta ciencia. Únicamente quiero hacer algunas consideraciones. La primera de ellas se refiere a la eficacia de la acupuntura.

Pese a lo que el lector pueda oír o leer en más de una ocasión y pese a lo que algunos médicos muy honorables puedan decir o escribir, la eficacia de la acupuntura es asombrosa en ocasiones en las que la medicina oficial no ha obtenido resultado alguno. No quiero con esto decir que la medicina oficial no sea eficaz y que solo la acupuntura lo sea. Lo único que quiero decir es que he sido testigo de casos en que diversos tratamientos recibidos en hospitales no tuvieron efecto alguno mientras que el tratamiento practicado por un diestro acupuntor tuvo resultados fulminantes y estables. Admito que puede darse también el caso inverso, es decir, que un paciente que no haya experimentado mejoría alguna mediante la inserción de agujas conforme a los métodos de la acupuntura, se alivie o se cure mediante un buen tratamiento conforme a la medicina académica.

Y al decir esto estamos poniendo el dedo en la llaga en cuanto a la acupuntura se refiere (aunque lo mismo se puede decir de la medicina oficial). La acupuntura es una ciencia que, si bien es milenaria en la China y en Oriente, entre nosotros es recientísima, y por eso no es fácil encontrar todavía buenos acupuntores, ya que las grandes escuelas de esta ciencia están prácticamente todas en China, y no es frecuente que los médicos se desplacen hasta allá y menos aún que se pasen varios años aprendiéndola de los grandes maestros. Y creer que la acupuntura se puede aprender con unas cuantas lecciones (probablemente de alguien que la ha aprendido de la misma manera) es engañarse a sí mismo y engañar al enfermo.

Por poner un ejemplo de lo que la acupuntura bien practicada puede dar de sí, diré que la ciática (tan común y causante de tantos dolores e incomodidades) suele requerir una sola imposición de agujas para que en manos de un buen acupuntor quede totalmente curada; y si al cabo del tiempo comenzase a sentirse alguna pequeña molestia debido a la misma causa, muy probablemente una segunda imposición de agujas haría desaparecer para siempre ese tipo de neuralgia.

Otro ejemplo, ya no tan sencillo, es la capacidad que la acupuntura tiene de hacer recuperar el oído y el habla a los sordomudos. De 168 niñas sordomudas de un colegio en China, a las que se les aplicaron agujas especiales en el punto llamado *ya-min*, 157 recuperaron la facultad de la audición (algunas a la tercera imposición de agujas), y de estas, 143 fueron capaces de emitir sonidos y por lo tanto aprendieron a hablar. Naturalmente, una técnica tan extremadamente especializada como la empleada con esas niñas no se aprende en unas cuantas lecciones. Y a decir verdad, los médicos occidentales no solo desconocen la técnica, sino

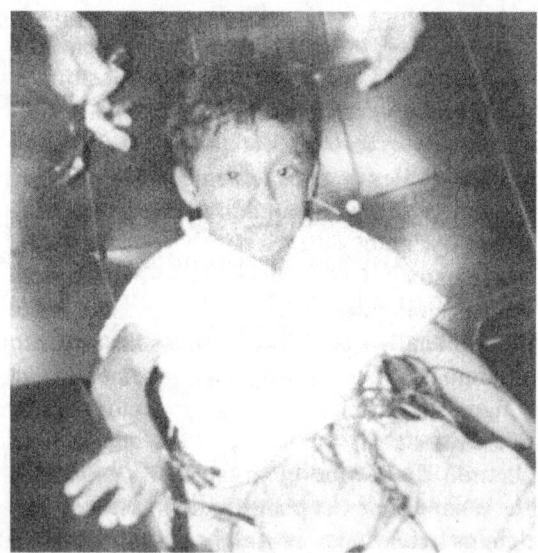

Extracción de una muela mediante acuanestesia. La anestesia se logra no por la inyección ordinaria, sino mediante las agujas de la acupuntura.

que tampoco saben con exactitud en qué parte del cuerpo está el punto *ya-min*.

La deducción que el lector tiene que sacar de esto es que antes de decidirse a acudir a un acupuntor debe informarse muy bien acerca de cuál ha sido el origen de los conocimientos de este, así como también de lo que puedan confirmar o desmentir otros enfermos que hayan acudido antes al mismo médico.

Otra consideración que quiero hacer acerca de la acupuntura es la siguiente: siendo la acupuntura una ciencia milenaria, nos preguntamos: ¿cómo es posible que aquellos orientales en una época tan remota hubiesen sido capaces no solo de descubrir unos «canales» inexistentes, sino de detectar en ellos unos «puntos» específicos, y saber cuáles de ellos tenían que activar y cuáles de ellos tenían que sedar para lograr equilibrar una misteriosa energía de la que todavía hoy, miles de años después, nuestra ciencia no sabe prácticamente nada? Llegaremos a la lógica conclusión de que los chinos, por sus propios medios, no pudieron haber hecho descubrimientos tan fenomenales que requerían unos instrumentos de los que tanto ellos como nosotros todavía hoy carecemos.

Digo esto para ir preparando al lector para lo que más adelante diré acerca de las ayudas foráneas que la humanidad ha estado recibiendo desde que el primer ser racional comenzó a caminar sobre la superficie del planeta. Afirmaciones como esta no agradan a algunos «científicos serios», pero por otro lado estos no tienen ninguna explicación para tantos hechos extraños (parecidos a este que estamos tratando) como nos encontramos constantemente no solo en el campo de la medicina, sino también en todos los demás campos.

La digitopresión está basada en el mismo principio que la acupuntura, pero en vez de usar agujas se utilizan los dedos (o algún otro instrumento sencillo) para ejercer presión en los mismos puntos de los meridianos en los que la acupuntura pincha con una aguja.

Aunque sus efectos sean menos profundos que los de la acupuntura, para muchos males menores la digitopresión puede ser muy eficaz cuando se practica correctamente. De mí mismo puedo decir lo siguiente: hace unos años, los catarros se sucedían en mí ininterrumpidamente; salía de uno y ya estaba entrando en otro. Desde que aprendí qué puntos eran los que tenía que apretar para evitar los catarros, apenas tengo uno al año.

Y añado que, para que el lector no se quede con la curiosidad de saber cuáles son esos puntos, le diré que están en dos pequeñas hendiduras o surcos (todos los puntos de la acupuntura están en hendiduras o pequeñas depresiones) al lado de las ventanas de la nariz, donde estas se juntan con la parte superior de los labios. Apretando con los dedos y aplicando a estos pequeños movimientos laterales, encontrará el lector esas hendiduras en el hueso maxilar superior. Ahí es donde tiene que hacer presión (manteniendo preferentemente los pequeños movimientos laterales) durante uno o dos minutos tan pronto sienta los primeros síntomas del catarro, o cuando se ha estado expuesto a condiciones que lo puedan propiciar. No conviene hacer esto excepto cuando haya verdadera necesidad, pues no es raro que algunos se conviertan en verdaderos maníacos y se pasen el día apretando aquí o allá para evitar esto o lo otro.

Puede ser que se me diga que lo mío ha sido por pura sugestión. Estoy dispuesto a admitirlo, pero tengo que confesar que ha sido una sugestión muy útil, que además está ayudando también a otros.

Una última consideración acerca de la acupuntura. Los meridianos, o líneas de energía (de los que tenemos 26 en total, 12 pares a cada lado del cuerpo y 2 en el centro), terminan generalmente en los dedos de los pies o de las manos. Por eso es muy conveniente darse masaje cuando se pueda en las terminaciones de estos, preferentemente a los lados de las uñas, y también en la parte delantera de la planta de los pies. Igualmente son convenientes los masajes en las muñecas (por donde pasan varios de los puntos más importantes) y en las palmas de las manos.

Además, existe la gran ventaja de que aunque uno no acierte exactamente con los puntos y haga presión o pinche donde no es, eso no perjudicará en nada nuestra salud.

El *shiatsu* es una especie de digitopresión conjuntada con masajes en puntos muy específicos. Se practica especialmente en Japón, donde fue introducido en el siglo VI antes de Cristo, procedente también de China.[8]

---

[8] Para mayor información acerca del tema, véase: *Alivie sus dolores mediante la digitopuntura* (Dr. Lutz Bernau), *El masaje japonés* (Iona Teeguarden) y *Acupuntura sin agujas* (Wataru Ohashi), publicados por Ediciones Martínez Roca, Barcelona.

9

CURACIONES A DISTANCIA

En la actualidad, toda curación a distancia es una curación doblemente paranormal: los medios que utiliza el curador no son los normales de la medicina oficial, y la curación sucede cuando el enfermo está separado (a veces a miles de kilómetros) de la persona que lo cura, lo cual también se aparta del uso corriente de la medicina académica.

Digo que en la actualidad toda curación a distancia es paranormal porque es muy probable que en un futuro tal vez no demasiado lejano ciertas curaciones a distancia no sean ya paranormales y podamos explicar cómo y por qué es posible que alguien pueda influir en otra persona que se encuentra a distancia. Más adelante me ocuparé de esto de una manera particular.

En el campo religioso, ese tipo de curaciones es bastante normal, ya que podemos encontrar descripciones de las mismas en las escrituras sagradas de todas las grandes religiones, al igual que en las vidas de muchas de las personas eminentes dentro de ellas.

Se nos dirá que esas son cosas del pasado, envueltas en un velo de leyenda o exageradas por la buena fe o el fanatismo de los creyentes. Pero lo curioso es que esos mismos hechos los podemos ver hoy repetidos, y prácticamente por personas eminentes en santidad, no solo en el seno del cristianismo, sino en cualquiera de las grandes religiones.

Ya en otro de mis libros me he hecho eco de las curaciones a distancia practicadas por el famosísimo Satia Sai Baba, un avatar hindú nacido en 1926, para quien los milagros son el pan nuestro de cada día. En muchísimas ocasiones, los enfermos que han acudido a él en busca de salud se han vuelto decepcionados a sus casas porque «el santo» apenas les había hecho caso y ni siquiera se había dignado imponerles las manos o dirigirles una mirada. Pero he aquí que cuando estaban en el cuarto de su hotel o cuando estaban

Satia Sai Baba, famoso por sus milagros.

ya de vuelta en su casa, lamentando lo inútil de su peregri-
nación a Puttaparthy, repentinamente han visto delante de
ellos la sonriente imagen del gurú, que con la mano levan-
tada les da una especie de bendición, que les devuelve instantáneamente la salud, quedando su imagen desvanecida
al instante.

Por increíble que parezca, hay cientos de testimonios de
ese tipo de telecuraciones hechas por Sai Baba.

Ya que estoy hablando de Sai Baba, y aunque no caiga
exactamente dentro de las curaciones a distancia que estamos tratando, le haré saber al lector algo de este extraño
hombre que excede todavía con mucho la «imposibilidad»
de las curaciones a distancia. Me refiero a su capacidad de
resucitar muertos. (Me doy perfecta cuenta de que en este
momento más de un lector sentirá ganas de dejar de leer
este libro, considerando que mi credulidad ya pasa de la
raya. Yo sentí lo mismo durante muchos años ante afirmaciones como esta, pero cuando dejando a un lado los
prejuicios me puse a estudiar la realidad, me encontré con
hechos tan desconcertantes e «imposibles» que a esas alturas ya no me pasmo de nada, y de lo único que dudo es de
la capacidad de mi mente para comprender los misterios
del infinito universo).

Narraré uno de los casos clásicos en su vida, sucedido en
1953, y testimoniado por el doctor Gokak, científico bien
conocido en la India y por un tiempo profesor de la Universidad del Pacífico, en California (EE. UU.).

Un industrial indio llamado Radakrishna, propietario
de una fábrica en Kuppam, se dirigió a Puttaparthy con
toda su familia con la intención de que Sai Baba lo curase
de una grave úlcera de estómago que tenía desde hacía años
y que le causaba grandes dolores y continuas hemorragias.
Debido a que su posición económica era desahogada, había

acudido ya a los mejores médicos. Sin embargo, la úlcera había empeorado, a pesar de los tratamientos. Se alojó cerca del templo. Al sentirse cada vez peor y no poderse mover del lecho, Sai Baba acudió a verlo. Lo observó y (cosa bastante frecuente en él) abandonó el recinto sin decir prácticamente nada. Pasaron dos días y el enfermo empeoró tanto que de nuevo su esposa acudió desesperada a Sai Baba. A pesar de que aquel día era una gran festividad religiosa y había cientos de miles de fieles que reclamaban su presencia, Sai Baba acudió de nuevo a verlo. Lo observó otra vez detenidamente y se limitó a decir: «No se preocupen. Todo irá bien».

Sin embargo, a la mañana siguiente encontraron a Radakrishna muerto en su lecho. Hacía mucho calor y al cabo de veinticuatro horas comenzó a sentirse mal olor en la estancia en la que su esposa lo velaba con obstinación, sin permitir que se le hablase de enterrarlo, ya que tenía una fe total en las palabras que Sai Baba le había dicho. A los tres días y medio, el hedor que despedía el cuerpo era insoportable. El dueño del hotel denunció el hecho a las autoridades, y estas tomaron cartas en el asunto. La esposa, entonces, se rindió ante la evidencia de que su marido estaba muerto y accedió a que se hiciesen los trámites para su entierro, pero antes quiso ir a comunicarle a Sai Baba que iba a enterrar a su marido.

Sai Baba le dijo: «Espera todavía un poco, hasta que yo vaya». Cuando a las 14.30 h de la tarde llegó el gurú, se encontró con que alrededor de la casa había una gran multitud, pues había corrido la voz de que él iba a venir. Nada más entrar, se encerró con el muerto en la estancia. A los pocos minutos abrió la puerta, llamó a su esposa y le dijo: «Denle de comer algo caliente». Tanto su esposa como sus hijos no podían creer lo que estaban viendo: Radakrishna estaba sentado en el lecho, sonriente y preguntando por qué lo miraban con aquellas caras de espanto. Fue el mismo Sai Baba el que le dio el alimento que le prepararon. Al día siguiente, Radakrishna se paseaba totalmente curado.

El que conozca los evangelios en todos sus detalles no dejará de extrañarse al encontrar más de una semejanza intrigante entre esta manera de proceder de Sai Baba y lo que leemos acerca de algunas de las curaciones y resurrecciones llevadas a cabo por Cristo. Estos hechos «imposibles» que suceden actualmente ante nuestros ojos dan credibilidad a los hechos «imposibles» que nos narran los evangelios y algunos otros libros sagrados.

Pero volvamos a las curaciones a distancia. Fuera del ámbito religioso, más bien en un ambiente radicalmente opuesto a él, como es la brujería y la magia negra, podemos observar el mismo fenómeno. Aunque en este caso, en vez de curaciones lo que predominantemente observamos son enfermedades telecausadas. Yo mismo he sido testigo de cómo un famoso brujo, después de decirle a un cliente cuál era la causa de sus males y después de decirle sin ambages cuánto le iba a cobrar por librarlo de ella, añadió: «Hoy es domingo, el miércoles a medianoche oirás ruido en tu habitación [en una ciudad bastante lejana]. No te asustes, soy yo, no te muevas y déjame hacer lo que tengo que hacer».

Reconozco que este testimonio es muy débil, ya que no puedo aportar prueba alguna en cuanto a que el brujo haya cumplido su promesa; el individuo a quien le fue hecha, nunca me comunicó si el brujo había cumplido su palabra.

En parapsicología, el fenómeno del desdoblamiento es bien conocido y cada vez mejor estudiado. Algunas personas son capaces de hacer acto de presencia (una presencia que no es exactamente igual a la presencia física a la que estamos acostumbrados) en lugares muy distantes de donde se encuentra su cuerpo. Y esa presencia no es puramente imaginaria; en algunos casos la persona que se biloca es vista por las personas que están presentes en el lugar donde se ha trasladado.

Hago referencia a este fenómeno para que se vea que el arte de curar a distancia no es algo nuevo ni original, sino que tiene sus antecedentes o paralelos en otros fenómenos paranormales que la humanidad ha conocido desde siempre y que la parapsicología estudia en la actualidad.

Hoy día ya es común encontrarse con curanderos que dicen que son capaces de realizar curaciones a distancia. No solo eso, sino que por las pantallas de televisión del

El telepredicador estadounidense Oral Roberts.

mundo occidental vemos constantemente a predicadores que en un momento dado les dicen a los televidentes que deseen curarse de alguna enfermedad que inclinen sus cabezas porque van a orar por ellos, para que Dios los cure en aquel mismo momento. Uno de los más famosos de estos predicadores-taumaturgos es, en Estados Unidos, Oral Roberts, cuyos programas de televisión son vistos semanalmente por millones de personas.

Este famosísimo evangelista (que está construyendo un enorme hospital en Tulsa, Oklahoma, donde aunar la medicina académica con las curaciones por la fe), pese a todo lo que sus enemigos han dicho contra él, tiene en su haber cientos de curaciones hechas a lo largo de toda su vida, muchas veces ante las cámaras de televisión. Y curiosamente, en estos tiempos en los que su programa semanal ha adquirido una enorme difusión en el país, muchas de esas curaciones son hechas durante el programa, dando testimonio de ello más tarde los enfermos que han sido curados.

Pero resulta que en Rusia, sin invocar precisamente a Dios, sino con el altruista y humanístico deseo de hacer bien a otro ser humano, nos encontramos con grupos de personas que practican lo mismo, situando sus logros en un marco parapsicológico más que religioso y llevando un control mucho más cuidadoso de sus resultados y de sus fallos, al tiempo que estudian los posibles mecanismos mediante los que funcionan estas telecuraciones.

Una de las líderes de este nuevo tipo de medicina es la ciudadana rusa Bárbara Ivanova, a quien las autoridades de su país nunca han permitido asistir a ninguno de los muchos congresos a los que ha sido invitada para exponer sus experiencias y logros en el campo de la parapsicología. El hecho de no pertenecer al Partido Comunista hace que las autori-

La parapsicóloga y psíquica rusa Bárbara Ivanova.

dades sospechen de lo que pueda decir cuando se halle fuera de su país.

Bárbara Ivanova dice que las personas que son curadas telepáticamente mediante las energías mentales enviadas por su grupo sienten un calor repentino o un frío, o bien en otras ocasiones un hormigueo, predominantemente en la parte afectada. Muchas de ellas han sido curadas sin que supiesen de antemano la experiencia que se estaba realizando y sin que, por tanto, estuviesen sugestionadas en determinado momento. Otras, por el contrario, sabían que a determinada hora iban a enviarles una energía curadora y estaban en una actitud psíquica indudablemente propicia para el éxito del experimento.

Según afirma Bárbara Ivanova, lo cierto es que cada vez han ido logrando más aciertos, atreviéndose así a experiencias cada vez más complicadas.

10

RADIÓNICA

Al llegar a ese punto de las curaciones a distancia, se impone que hagamos referencia a la ciencia denominada «radiónica».

La radiónica puede ser la explicación de cómo y por qué es posible la curación a distancia. Y aunque aquí nos llevaría demasiado tiempo y espacio profundizar en esa fascinante ciencia, intentaremos explicar de qué se trata y describir brevemente su aplicación inmediata al fenómeno de las telecuraciones.

Radiónica es, según George de la Warr (uno de los genios que más la impulsaron), la ciencia de la interacción entre la mente y la materia, y de la completa y absoluta interrelación de todas las cosas del universo.

Esta interrelación misteriosa entre todas las cosas ha sido siempre conocida por el ser humano, aunque de manera confusa. Y no solo conocida, sino también practicada. Toda la medicina popular de todos los pueblos antiguos es una aplicación de esto; y toda las magias y las brujerías de los tiempos antiguos y modernos, bajo las formas y denominaciones que se quiera, no son más que una práctica de esos confusos conocimientos llegados a la mente de algunas personas por muy diferentes vías.

La falta de inteligencia y el necio engreimiento de los científicos modernos es lo que ha privado a la humanidad de muchos de esos conocimientos milenarios, que, complementados con los hallazgos hechos por la misma ciencia actual, podrían haber ayudado muchísimo a la humanidad.

Sin embargo, siempre ha habido auténticos científicos que con una mente más abierta han estado atentos a los extraños acontecimientos que nos han llegado de la antigüedad. Muy cerca de nuestra era científica están los experimentos de M. Benoit, un francés que en el año 1852 hizo un notable experimento en París para comprobar esta interrelación de que estamos hablando. Consistió el experimento en poner, en cajas separadas, cincuenta parejas de caracoles, de modo que llegase a establecerse entre ellos una relación o un vínculo. Pasado un tiempo, marcó los dos caracoles de cada caja con una misma letra y mandó uno de cada pareja a Norteamérica.

Seleccionaron entonces el caracol en cuya concha aparecía la letra D y lo sometieron a una descarga eléctrica, estando previamente avisados los científicos norteamericanos que participaban en el experimento acerca del momento exacto en que se le sometería a la descarga. El caracol D (y solo él de entre los otros cuarenta y nueve) reaccionó instantáneamente, comportándose seguidamente de una manera anormal, lo cual era una prueba de que estaba sintiendo lo que le pasaba a su compañero en París.

Naturalmente, el experimento se completó, escogiendo otros caracoles con otras letras, y en todos los casos se obtuvieron resultados idénticos: cada caracol estaba misteriosamente relacionado con el compañero con el que había convivido previamente.

Escogiendo diversos caracoles y mediante una clave previamente establecida, basada en el orden en que se excitaba a los caracoles, llegaron a transmitir mensajes enteros. Pero, naturalmente, y tal como dice el mismo De la Warr: «El telégrafo de caracoles era un método muy complicado y trabajoso que no pudo resistir la competencia del otro telégrafo». Pero la ciencia, con la alegría de encontrar un método rápido de comunicación técnico, arrinconaba y prácticamente perdía un conocimiento que, aunque menos práctico, era sin embargo mucho más profundo y fundamental.

Esta misteriosa relación es la que está en juego en las curaciones a distancia y es la misma que existe (según experimentos hechos por parapsicólogos) entre los hermanos gemelos univitelinos. No sé hasta qué punto será real esta anécdota que nos narra F. Aniceto Lugo en su libro *Magia Superior Creadora*: uno de los primeros colonos norteamericanos, de ascendencia germánica, llegado en el Mayflower, plantó un árbol el día que le nació su primer hijo. Al cabo de los años mandó su hijo a Alemania a estudiar. Para entonces ya el árbol había crecido mucho debido a los cuidados que siempre le había prodigado el colono, ya que lo relacionaba mucho con su hijo. Pasados varios años, cuando tras muchos sacrificios por parte de su padre se suponía que el hijo debería volver ya con su carrera terminada, sus padres se enteraron que en vez de haberse dedicado a estudiar, se había dedicado a la «buena vida», emborrachándose de continuo y abandonando por completo los estudios. El colono, presa de un ataque de furia, cogió un hacha y derribó el árbol; en el mismo momento en que esto sucedía en Norteamérica, en Alemania su hijo, sin razón alguna aparente, se desplomaba para no volver a levantarse.

En la radiónica, esta relación de todo con todo va aún más lejos o, si se quiere, profundiza aún más, ya que no solo se trata de la relación entre dos seres humanos o vivientes entre sí, sino que estudia y utiliza las sutiles relaciones que existen entre todos los seres (animados e inanimados) de la creación; especialmente los nexos que se crean y que perduran entre los seres que de una manera u otra han estado previamente relacionados con cualquier clase de vínculo.[9]

El medio básico que la radiónica utiliza para hacer tratamientos a distancia (médicos o veterinarios, y también agrícolas, tanto en plantas como en terrenos) es simplemente una foto de la persona, animal o cosa que se quiere tratar. Aplicando a la foto el remedio que la persona o la cosa necesite, esta comenzará a sentir los efectos inmediatamente, por muy distante que se encuentre. (Esto es básicamente el mismo principio que durante siglos han usado los brujos y los magos). Naturalmente, todo el proceso resulta más complicado de lo que aquí señalo, y en radiónica se utilizan aparatos que superficialmente se parecen a radios o equipos electrónicos.

Eso suena muy raro y es posible que algún lector lo ponga en duda, cosa a la que tiene todo el derecho. Sin embargo, los laboratorios que en Oxford estableció George de la Warr han convertido en hechos todas esas hipótesis y teorías.

Para entender todo esto y poder de alguna manera explicárselo, uno tiene que volver a la vieja teoría del éter omnipresente con su natural efecto de la resonancia: «Cuando un mono chilla en el bosque, todos los monos prestan atención». Los demás animales seguirán impertérritos, si es que acaso lo han oído, porque aquellos chillidos no tienen ningún mensaje para ellos. Pero aquellos chillidos han hecho temblar a todos los monos del bosque.

Dicho en pocas palabras, esto es la «resonancia», tal como la entendían los viejos defensores de la teoría del éter.

En el experimento descrito antes, los caracoles transportados a Norteamérica «resonaban» cuando sus parejas eran

---

[9] Nos recuerda al entrelazamiento cuántico, o partículas gemelas, de la física cuántica. Freixedo la menciona de manera indirecta en la página 142. [*Nota del Editor*]

de alguna manera excitadas. Hace varios siglos, tanto esta «resonancia» como la del timbre del teléfono hubiesen sido consideradas «milagros». Pasó el tiempo, y la ciencia, con su descubrimiento de las microondas, hizo desaparecer la taumaturgia del teléfono y del telégrafo sin hilos. Hoy todavía la ciencia no sabe (o no quiere saber) por qué una plaga de gusanos se muere en pocas horas cuando a cientos de kilómetros de distancia se le han aplicado ciertas energías a la foto del campo infestado. La ciencia desconoce qué clase de «microondas» pueden ser esas que transmitan esa energía letal tan selectiva. La radiónica no lo sabe tampoco a ciencia cierta, pero usa ese principio para curar a distancia.

Y la radiónica sabe que, aparte los instrumentos y los métodos que para ello se usen (las famosas cajas), existe otro elemento indispensable con el que necesariamente hay que contar si se quiere lograr algún resultado: la mente humana. La mente del operador de los aparatos radiónicos es la que cataliza, encauza y potencia esa energía omnipresente en el universo que es como la materia prima de que está hecho todo el cosmos. Y al hablar así nos estamos adentrando en el campo de la teología, ya que esa «materia prima» es algo así como la sombra de Dios; esa «materia prima» o ese «éter» que todo lo trasciende participa mucho más de la divinidad que el repulsivo personaje que en el Pentateuco se nos presenta como Dios. Esta «materia prima», interatómica, intraatómica, invisible y a la vez presente en la profundidad de los átomos se comporta como un sutilísimo y gigantesco organismo viviente e inteligente, dotado de una mente universal. Esa «materia prima» que fundamentalmente es pura inteligencia se manifiesta físicamente creando el universo en un instante eterno. Todas las cosas están relacionadas de igual modo que en nuestro cuerpo todas las pequeñas células y los grandes órganos están estrechamente relacionados entre sí. Como dice un proverbio oriental: «Si se hiere tu dedo del pie, todo tu cuerpo se meterá en la cama».

Y por eso el que ha conseguido sintonizar su mente con esta inteligencia universal que todo lo sabe y todo lo puede, y el que además ha logrado conocer las leyes profundas por las que se rige el universo, será también capaz de curar a distancia. Y para ello entrarán en juego factores que en nuestro nivel de existencia aparentemente no tienen relación alguna con lo que deseamos: los colores, las formas, los dibujos, los sonidos, la hora precisa y la orientación específica; es decir, la «brujería» ilógica y «extracientífica» vista con nuestra mente tridimensional, pero lógica y eficaz si la pudiésemos ver con la mente universal.

Aunque la ciencia oficial desconoce todavía muchas de estas realidades, la ciencia extraoficial (los científicos que no temen perder sus puestos o su «buen nombre», o aquellos que no tienen nada que perder) sí conoce mucho de esto. Ejemplos de ello, entre los muchísimos que se podrían enumerar, son los laboratorios De la Warr y los de Bruce Copen, ambos en Oxford (Inglaterra), dedicados al estudio de la radiónica y sus aplicaciones concretas, el de Cleve Backster, en Chicago (EE. UU.), de donde han salido tantas ideas brillantes y tantos aparatos que hoy ya son del dominio común, el de Hideo Uchida y el de Hiroshi Motoyama, ambos en Japón, el de Livio Vinardi en Argentina, el de José Silva en Texas (EE. UU.), etc.

Esa «materia prima» que llena el universo (que hasta hoy no solo se ha escapado a nuestros sentidos, sino al estudio de la ciencia), es la que hace posible la transmisión de todo tipo de ondas en nuestra atmósfera y fuera de ella, la que hace posible que la luz viaje a distancias infinitas a través del universo «vacío», y es la que hace posible lo que en radiónica se denomina «efecto *rapport*», directamente relacionado con la antigua teoría de la «resonancia».

Esta «resonancia» es el resultado de la «emisión de energía cuantificada a diversas frecuencias que hace la corteza electrónica y que los físicos valoran por medio de los espectros de emisión que son característicos para cada átomo».

Pero esta «resonancia» es aún más directamente fruto de una cualidad cortical del átomo que todavía no ha sido descubierta por nuestros físicos, por raro que esto pueda parecer.[10]

---

[10] Para que el lector más entendido no se imagine que estas son meras palabras sin contenido científico alguno, le pondremos un ejemplo de cómo funciona esta «resonancia», que ya fue intuida hace casi un siglo.

La ciencia médica más avanzada admite que los últimos receptores de los impulsos eléctricos codificados que nos llegan por los nervios (procedentes de los sentidos y dirigidos hacia el cerebro) son ciertos átomos de carbono y de helio situados en el lóbulo temporal, en el tálamo, en el hipotálamo y en ciertas zonas del córtex. Pues bien, al recibir estos impulsos eléctricos, los estados cuánticos de estos átomos de carbono y de helio son excitados y modificados (debido a una reacción exotérmica producida por la descomposición de un enzima). El resultado de esta excitación es una alteración de carácter gravitatorio de elevadísima frecuencia en los átomos de kripton (un gas inerte), que en número muy reducido están situados en la corteza del tercer ventrículo y en otras reducidas áreas cerebrales en las que también hay pequeñas redes de átomos libres de helio y de carbono. Estos átomos de kripton son los encargados de transmitir al yo consciente los datos codificados que han enviado los sentidos. Es decir, son el puente, tan buscado por los filósofos de otras épocas, entre el cuerpo y el espíritu.

Pero para explicar en términos más inteligibles y humanos el maravilloso fenómeno de la resonancia, tengamos en cuenta que el número atómico del gas kripton es 36; es decir, que hay 36 electrones girando alrededor de su núcleo. Pero 36 es múltiplo de 2 (el número atómico del carbono), y por ser múltiplo puede entrar en resonancia con estos dos elementos en una frecuencia que corresponde al tercer armónico de la fundamental del carbono y al sexto armónico de la frecuencia fundamental del helio.

Y he aquí que sin querer estamos hablando un lenguaje musical. Tratamos de profundizar un poco en los mecanismos físico-químicos de nuestro organismo y nos encontramos enseguida usando un lenguaje matemático y musical, que nos dice que en cuanto escarbamos un poco en la materia con ojos inteligentes llegamos a la fantástica conclusión de que «todo es uno». En una guitarra, las cuerdas tienen que vibrar necesariamente de acuerdo con ciertos múltiplos y submúltiplos, o de lo contrario no habrá armonía. Resulta que la música es matemática y que las matemáticas generan armonía, Y resulta, a fin de cuentas, que todo el universo, en el que la infinitud de los átomos se confunde con la infinitud de los mundos y de las distancias, no es más que una esplendorosa sinfonía matemática sobre la que flota el Espíritu...

Sin embargo, lo que todavía es hoy un gran misterio para nosotros es el papel específico y definitivo que la mente humana juega en todo esto.

La mente en su estado normal no está sintonizada con esta ubicua energía y de alguna manera necesita ser excitada o modificada para que cambie su «nivel vibracional» (tal como nos han dicho durante siglos los esotéricos), para hacer contacto con este nivel trascendente y ser así capaz de utilizar esa energía inteligente. Ese es el misterioso y nunca bien explicado «estado de trance» en el que están todos los místicos, psíquicos, médiums e iluminados cuando realizan hechos «imposibles».

Cuando un aparato de radio está apagado, a pesar de que tiene todos los elementos para captar emisoras lejanas, no capta ninguna, sencillamente porque falta poner en la posición adecuada un sencillísimo botón que, comparado con la complejidad de circuitos, condensadores, etcétera que componen el aparato de radio, es algo que no tiene complicación alguna. Sin embargo, mientras ese simple botón no se ponga en la posición adecuada, no habrá posibilidad alguna de captar nada. No solo eso, sino que una vez hecha esta sencilla operación de conectar, habrá que hacer otra simple operación que consiste en hacer girar otro botón para poder sintonizar la emisora deseada. Esos son los pequeños detalles «absurdos» con los que con frecuencia nos encontramos en el mundo paranormal y en el mundo mágico; detalles absurdos e ilógicos, pero sin los cuales no se sintoniza con ese otro nivel misterioso de existencia.

Y todas las danzas, drogas, repetición interminable de letanías, penitencias, inciensos y humos de hierbas aromáticas, batir de tambores, estados de expectación, de ansia, de temor y de entrega o abandono totales en manos de Dios con los que nos encontramos en todas las religiones, no son más que medios para hacer que el espíritu humano (hecho a imagen y semejanza de esa energía inteligente) entre en sintonía con ella y consecuentemente sea capaz de tener atisbos del «más allá», de predecir el futuro, de ver el pasado, de levantarse por los aires, de curar enfermos o de resucitar muertos... Quien logra hacer trascender su espíritu, se convierte en un pequeño dios.

Quede pues claro (y la humanidad se irá convenciendo cada vez más de ello) que no solo es posible curar a distancia, sino que hay personas en la actualidad, y siempre las ha habido, capaces de hacerlo.

Sin embargo, no es fácil dar con una persona que en realidad tenga esta facultad bien desarrollada, ya que muchas de las que dicen tenerla son meros alucinados o vividores. Además, cuando afloran espontáneamente, estas facultades parapsicológicas suelen funcionar algo descontroladas. Quien hoy realiza una gran curación o cualquier otro acto paranormal, puede que mañana sea totalmente incapaz de repetirlo. Y ahí será cuando el cliente o el espectador tendrá que estar muy atento para que no le den «gato por liebre».

TERCERA
PARTE

1

ENERGÍAS INTELIGENTES

Hay que hacer una distinción fundamental cuando se trata de explicar las causas de las curaciones que no tienen una explicación lógica. Hay que distinguir las que son hechas por capacidades o energías que proceden exclusivamente del ser humano y las que son hechas con energías que, aunque sean en último término emitidas por el ser humano, proceden originalmente de fuera de él.

De las tres grandes cosas que en la actualidad están sucediendo en el mundo, una de ellas consiste en que la humanidad está descubriendo con pasmo las insospechadas capacidades de su mente. Verdaderamente, «somos capaces de hacer milagros», tal como nos pronosticó Cristo.

Una vez que la mente humana ha comenzado a liberarse de todos los sambenitos que los teólogos y jerarcas le echaron encima (diciéndonos que somos pecadores por naturaleza, que nacemos ya con un pecado grave, que no podemos vivir sin pecar, que somos polvo y ceniza, que necesitamos un redentor para no condenarnos eternamente, que nos salvamos solo por la gratuita misericordia de Dios, etc.), la mente ha comenzado a atreverse a hacer cosas, sin miedo a incurrir con ello en pecado alguno. Porque antes casi todo lo bueno era pecado. Lo mismo que a los israelitas les prohibieron comer langosta (¡porque no tiene escamas!), y a los hindúes vaca (¡porque es una encarnación de Dios!), y a los mahometanos cerdo (¡porque es un animal inmundo!)», a los cristianos nos prohibieron durante muchos años tostarnos al sol en una playa (¡porque se veía la carne y todo lo «carnal» era pecado!); y por supuesto, todos los moralistas se dieron gusto anatematizando el sexo para así tener bien sometidas y amedrentadas las conciencias.

Pues bien, parte de ese despertar de la mente humana en cuanto a sus propias capacidades es ese aflorar por todas partes de personas que dicen ser capaces de curar enfermedades. Es cierto que esa capacidad ha existido siempre, tal como lo podemos comprobar por los libros de historia, pero quienes la tenían y la practicaban eran famosos, y de todas partes acudían a ellos. En la actualidad, en cambio, dondequiera que sea podemos encontrarnos con personas que dicen tener tal habilidad. Puede ser que algunas sean falsas, pero eso no resta nada a la realidad del fenómeno en general.

Y de la misma manera que en tiempos pasados el dogmatismo religioso hacía peligrosa la práctica de ese arte (porque solo Dios podía curar de esa manera), en los tiempos modernos el dogmatismo científico trata también de impedir que las personas sin títulos universitarios se dediquen a curar. Incluso quienes los tienen han de procurar no salirse de las normas clásicas si no quieren ser llamados «brujos» o algo peor, como le sucedió al genial doctor Wilhelm Reich, a quien la poderosísima Asociación Médica Norteamericana hizo encarcelar por sus revolucionarios estudios muy relacionados con la medicina. Al poco tiempo, el doctor Reich murió en la cárcel y sus inventos y escritos desaparecían de una manera misteriosa.

Otro caso de dogmatismo inquisitorial practicado por esa misma Asociación Médica Norteamericana fue el de la señora Ruth Drown, que en la década de 1960 fue llevada a la cárcel. Falleció a causa de su encarcelamiento y del vergonzoso proceso a que fue sometida, en el que se violaron todas las reglas de la justicia. Durante su prisión, las autoridades prácticamente asaltaron su casa, secuestraron todos sus instrumentos y hasta llegaron a destruir algunos de ellos a hachazos. La «brujería» de la señora Drown, gran conocedora de la radiónica, consistía, entre otras cosas, en poder hacer un completo diagnóstico de una persona con solo poseer un cabello de ella. Y de eso hace ya veinte años, mucho antes de que el F.B.I. fuera capaz únicamente de determinar el sexo de la persona a partir de un cabello.

En más de una sentencia judicial en la que se condenaba a alguien por curar sin licencia se hacía constar que el enfermo se había curado por el tratamiento, pero que semejante práctica era ilegal, porque para practicar la medicina hay que tener un título. Es decir, que se atiende más a la posesión de un título que a la curación real.

2

BIOENERGÍAS O TELERGIAS

En parapsicología, a estas energías que el ser humano posee y emite hacia fuera se les llama «telergias», y también «bioenergías».

Y de nuevo tengo que hacer otro paréntesis relacionado con la palabra «energía». En cuanto el ser humano deja de ver, de oír y de palpar, comienza a tener ideas confusas. Y esa es la razón de toda la infinidad de teorías filosóficas que vemos por todas partes a lo largo de la historia de la cultura, y también la razón de lo perdidos que andan en cuanto al funcionamiento de la mente psicólogos y psiquiatras, viendo cómo se derrumban una tras otra todas sus teorías.

Lo mismo sucede en el campo de la física, en cuanto los sentidos humanos se vuelven impotentes para poder medir o para poder captar directamente las reacciones y los movimientos de la materia. Cuando esto sucede, acudimos al uso de instrumentos para que la materia no se nos vaya de las manos y podamos seguir teniéndola bajo el control de nuestros sentidos. Sin embargo, llega un momento en que ni los instrumentos más poderosos (microscopios, telescopios, cámaras de niebla o de burbujas y toda suerte de equipos electrónicos actuales) son capaces de captar los movimientos etéricos y las infinitas acciones y reacciones de una sutilísima «submateria» que constituye la infraestructura de la materia que ven y palpan nuestros sentidos.

Un ejemplo de esto son los electroencefalógrafos y los electrocardiógrafos que tanta reputación tienen todavía en nuestra medicina. Dentro de pocos años nos quedaremos pasmados ante esos toscos instrumentos. Seguramente nos preguntaremos cómo fue posible que en un tiempo la humanidad casi lo único que tuviese para detectar el funcionamiento y las corrientes eléctricas que surcan el cerebro y el corazón fuesen esos aparatos que a duras penas y de una manera no del todo fiable detectan las corrientes gruesas de nuestros órganos pero que no perciben absolutamente nada de las mil sutiles corrientes y energías que en todos los sentidos surcan nuestro organismo y que proceden no solo de lo más profundo de él, sino de todos los campos circundantes de energía en los que vivimos inmersos y hasta de las regiones más remotas del universo. Estos toscos instrumentos, que en su tiempo fueron un gran avance, serán sustituidos en un futuro muy próximo por otros instrumentos capaces de detectar la multitud de corrientes que surcan la materia y de «oír» las debilísimas señales que lanza la «submateria».

Y al hablar de «submateria» estamos hablando de toda una gama creciente de subpartículas atómicas, es decir, aquellas que han ido resultando de nuestro incesante desguace del átomo, el «indivisible»: miones, taquiones, piones, positrones, neutrinos, fotones... Estamos hablando del mundo de los quanta. Y no solo eso, sino que estamos hablando de algo más fundamental todavía, como son los campos de fuerza que mantienen unidas o repelen entre sí a esas infinitesimales partículas. ¿Qué es «eso» que «emiten» esas partículas (que indudablemente es infinitamente más sutil que ellas mismas) que hace que a una enorme distancia otra partícula infinitesimal reaccione de una manera concreta?

Cuando la mente humana llega a ese nivel, ha llegado a los límites de su capacidad, y entonces lo único que le queda es empezar a teorizar. Empieza a lanzar hipótesis... Aquella ciencia sólida que medía, definía y predecía con seguridad las reacciones de los cuerpos (porque sabía su color, dureza, conductibilidad, valencias, densidad, peso, número atómico, etc.) se convierte, cuando llega a esas profundidades, en una mera especulación, en algo etéreo, y hasta en una especie de magia. Los físicos nucleares de nuestros días han comenzado a hablarnos del «ángel» de algunas partículas.

Y no solo empieza a lanzar hipótesis para explicarse lo inexplicable, sino que empieza a lanzar a lo loco nombres para bautizar a criaturas que todavía no han nacido, sin saber si van a ser niños o niñas y sin sospechar que a lo mejor pueden ser trillizos, quedando entonces el nombre en ridículo.

Y esto es ni más ni menos lo que nos ha sucedido con la palabra energía.

Cuando hablamos de «energías» refiriéndonos a las diversas fuerzas y reacciones que observamos en el mundo de las curaciones paranormales, aunque usamos siempre la misma palabra, estamos en realidad refiriéndonos a «cosas» totalmente diferentes. Pero como no tenemos idea de lo que tenemos entre manos ni a qué específicamente nos estamos refiriendo, nos vemos obligados a utilizar un término genérico.

Imaginémonos que alguien con una mente muy limitada ve salir agua por un tubo, y se hace la idea de que lo que sale siempre por los tubos es agua. Él no sabe que por un tubo pueden salir infinidad de cosas, líquidas, sólidas y gaseosas, calientes y frías; y no solo pueden salir cosas u objetos, sino que pueden salir sonidos, luz, etcétera.

La idea que el ser humano tiene de lo que está en juego en las curaciones psíquicas y de lo que está en juego en el mundo paranormal y hasta de lo que está en juego en el fondo de los objetos materiales que toca todos los días y en el fondo de toda la vida y la existencia humanas es tan simple como la microcéfala idea de quien piensa que lo que sale por un tubo es indefectiblemente agua.

Las ideas de las personas acerca de la vida flotan sobre un mar de realidades desconocidas por su mente, igual que un pescador flota en su barca en la superficie del mar sobre kilómetros de agua totalmente desconocidos por él.

Volviendo a la idea que motivó todo este largo paréntesis acerca de nuestra incapacidad e impotencia cuando nos enfrentamos a cosas que desconocemos y acerca de la imprecisión de los términos que nos vemos obligados a utilizar, repetiré que debemos distinguir entre los métodos de curación paranormales:

1. Aquellos en los que únicamente entran en juego energías que se originan en el cuerpo humano.
2. Aquellos en los que hay que admitir otras energías foráneas, cuyo primer origen no parece ser humano.

Y en cuanto a las energías que proceden exclusivamente del ser humano, podríamos hacer una segunda diferenciación:

1A. Aquellas que salen predominantemente por los dedos de las manos.
1B. Las que proceden o son irradiadas directamente por la mente.

A propósito de las primeras, recuerdo la enorme impresión que me causó la primera grabación (no una mera fotografía) del efecto kirliano salida de la URSS. Era un film en colores en el que aparecía en primer término la mano de una persona normal. La mano ocupaba casi toda la pantalla y podía distinguirse con toda claridad, en los extremos de los dedos, una especie de protuberancias azuladas; pero como se trataba de una película y no de una mera fotografía, se podía distinguir cierto tipo de movimiento o palpitación en aquella luminosidad que era predominantemente azul, pero también se podían distinguir en ella por instantes otras tonalidades de color. Durante un tiempo aquella mano permaneció inmóvil en la pantalla; luego comenzó a moverse hacia la izquierda y se oyó una voz que decía: «Ahora aparecerá en la pantalla la mano de un psíquico que durante años se ha dedicado a curar con la imposición de sus manos, aparte de ser capaz de realizar otros fenómenos relacionados con la telekinesis».

Enseguida apareció en la pantalla otra mano, a la derecha de la primera, de formas normales pero con una gran diferencia con respecto a la otra: las protuberancias que salían de los dedos eran más bien chorros azulados, de una longitud unas tres veces superior a la de la izquierda. Yo pensé enseguida en los sopletes de los soldadores, ya que el chorro de energía azul daba la impresión de algo que estuviese «encendido».

Pero lo más notable fue lo que sucedió momentos después. De nuevo se oyó la misma voz que decía que al psíquico se le había dicho que se concentrase porque iba a imponer las manos a un enfermo para curarlo. Recuerdo que en aquel momento sentí una fuerte impresión que aún me dura: el chorro de energía (o lo que fuese aquella luminosidad azul) comenzó a estirarse poco a poco, con una especie de vaivén, hasta hacerse más del doble de lo que era originalmente y por supuesto mucho más largo que las débiles protuberancias que se podían apreciar en los dedos de la persona normal.

Esa misteriosa energía, en mayor o menor grado, la tenemos todos. Los videntes, psíquicos y místicos de todas las religiones y culturas siempre nos han hablado de ellas, aunque enjuiciándolas de maneras muy diferentes. Sin embargo, ha sido solo hace unos pocos años que algunos científicos han comenzado a estudiarlas y a tomarlas en consideración, precisamente cuando han sido capaces de fotografiarlas y, en cierta manera, de medirlas mediante aparatos muy sensibles.

Esta energía es física, hablando en el más estricto sentido de la palabra, aunque hoy apenas sabemos nada de ella; lo mismo que las microondas ya eran físicas hace dos siglos, cuando nuestros abuelos no tenían ni la más remota idea de ellas. El día grande para la medicina y hasta para la raza humana será el día en que tales energías puedan ser controladas y utilizadas a voluntad. Y tal vez ese día haya llegado ya.

Y aquí tendremos que recordar lo dicho anteriormente: la enorme variedad de estas «corrientes» o «energías», tanto si las consideramos desde un punto de vista físico como si las consideramos desde el punto de vista de sus resultados; pues mientras unas son capaces de curar enfermedades, otras queman literalmente, o tienen fuerza para mover objetos, o producen luminosidad, o ilustran repentinamente la inteligencia.

Llegados a ese punto, habremos de adentrarnos en el campo de las conjeturas y de las teorías, aunque esas teorías no están hechas al azar, sino teniendo en cuenta un enorme acervo de hechos paranormales que aparentemente son el resultado de tales energías. Y mientras la ciencia no encuentra la manera o los instrumentos para desentrañar el misterio, seguiremos conjeturando a la luz de lo que vayamos observando, abiertos siempre a todas las posibilidades.

3

INTELIGENTES
O CUASIINTELIGENTES

Dentro del campo teórico apuntaré algunas ideas acerca de esas misteriosas energías o «fluidos» que ya he ido esbozando a lo largo de este libro.

Lo primero que quiero decir es que algunas de ellas o son inteligentes o están directamente dirigidas por alguna inteligencia, que muy bien pudiera ser la mente inconsciente.

Para reforzar esta teoría, hay dos hechos que no pueden menos que hacernos reflexionar. El primero es la manera de comportarse que tiene ese chorro de energía que sale por los dedos de un psíquico. En muchas ocasiones, el curandero no sabe qué es lo que tiene el enfermo, y sin embargo aquella misteriosa energía azul que sale de sus dedos sí lo sabe, ya que va directamente a la parte afectada. En este sentido, los testimonios de enfermos son innumerables. Con mucha frecuencia estos afirman que, en cuanto el curandero les tocó con las manos, sintieron calor o frío, o un cosquilleo en la parte enferma.

Y este efecto gana aún más notoriedad en los casos en que las curaciones se hacen a distancia y sin que el enfermo sepa que lo están curando en ese momento. Nos decía la psíquica rusa Bárbara Ivanova que los enfermos a los que curaba a distancia habían sentido en un preciso momento un cosquilleo en su cuerpo.

Los grandes maestros (Gopi, Krishna, Muktananda...) que han escrito sobre el kundalini (energía latente en todos los humanos y que solo unos pocos logran despertar) nos dicen que el kundalini, en el fondo, no es energía, sino que es pura consciencia, y la energía no es más que la manera física en que se manifiesta esa consciencia.

Otro hecho que pudiera reforzar la teoría de la inteligencia o cuasiinteligencia de algunas de esas energías que el ser humano posee es el experimento realizado con el psíquico húngaro Oscar Estebany, residente en Canadá. Este complejo experimento fue iniciado y realizado en gran parte por la monja católica Justa Smith, quien utilizó los métodos y las técnicas científicas más depuradas.

Se le dio a Estebany un frasco que contenía unas enzimas en un caldo de cultivo y se le pidió que lo sostuviese entre sus manos y que se concentrase para tratar de activar las enzimas. Se concentró, y cuando de nuevo fue examinado en el laboratorio cuál había sido la reacción de las enzimas, se halló que efectivamente se habían activado sin lugar a dudas y sin que se pudiese atribuir a otra causa que no fuese la proximidad de las manos del psíquico (del que, por muchos otros experimentos, se sabía que emitía una gran cantidad de energía por sus manos). De nuevo se le dio otro frasco y se le dijo que se concentrase para influir en las enzimas que contenía. (Se trataba de enzimas nocivas, y los experimentadores querían que Estebany las amortiguase o de alguna manera frenase su vitalidad). Estebany se concentró y de nuevo se halló que efectivamente las enzimas habían sido afectadas, pero esta vez negativamente, de una manera considerable. Por último, se le dio otro frasco de enzimas en las que cualquier influencia sería perjudicial.

Muktananda es un gran maestro espiritual del hinduismo, con unas enormes capacidades psíquicas. Para un gurú, la labor de curar es secundaria respecto a la evolución del espíritu hacia la total «realización de Dios».

Pues bien, en este último frasco, a pesar de haberlo sostenido durante el mismo tiempo y con la misma intensidad que los otros dos, no se notó cambio alguno en las enzimas que contenía.

Naturalmente, cabe preguntarse: ¿quién le decía a la energía que salía por las manos del psíquico qué era exactamente lo que tenía que hacer? ¿Y quién le enseñó a la energía del psíquico cómo lo podía hacer? Como dije, el experimento fue mucho más complejo, pues en ocasiones ni los experimentadores sabían cuáles eran las enzimas que había en los frascos, de modo que el psíquico no podía leerles la mente en cuanto a qué era lo que se esperaba de él; y sin embargo, siempre actuaba correctamente.

A veces este tipo de bioenergías son confundidas con las puras energías electromagnéticas, porque tienen muchas de sus características. Sin embargo, se puede hacer una curiosa comparación, que por otro lado es una confirmación más de lo que estamos diciendo: es sabido que el polo sur de un imán emite una energía (fíjese el lector que seguimos usando la misma palabra «energía», a pesar de que estamos precisamente tratando de probar que se trata de dos cosas diferentes; son las limitaciones del idioma) que hace crecer o aumentar toda la materia viva que esté en su campo. Cuando colocamos una planta en un campo electromagnético positivo (polo sur) veremos cómo la planta crece más rápidamente. Pues bien, si colocamos un tumor maligno en vez de una planta en ese campo positivo, el tumor crecerá también más rápidamente, a diferencia de lo que sucedía con la energía selectiva que observábamos en Estebany. Las energías electromagnéticas procedentes de un imán o de cualquier otra fuente actúan conforme a leyes predeterminadas, sin tener en cuenta otros factores.

Esto puede llevarnos a sospechar que las bioenergías tienen un componente que las hace radicalmente diferentes de otras energías de la naturaleza. Y por otro lado, no puede dejar de intrigarnos, tal como ya he indicado, este papel catalizador y canalizador de la mente humana, tanto la consciente como la inconsciente.

Ante tales hechos, empezamos a comprender la frase bíblica de que verdaderamente tenemos algo de dioses. Y ya es hora de que, dejando a un lado complejos y malos hábitos, comencemos a vivir como «dioses».

4

UTILIZACIÓN BIOENERGÉTICA

Antes de dejar el tema de las energías que he clasificado como 1A, es decir, aquellas que salen preferentemente por las manos, quisiera añadir algo que puede ser de gran utilidad para muchas personas, y en especial para las madres que tienen bebés o hijos de muy corta edad.

Por haber sido tan condicionados por la «ciencia» racionalista que ha imperado entre nosotros en los últimos cien años, en Occidente hemos perdido el conocimiento de cosas que nuestros antepasados sabían muy bien. En concreto, muchas personas no tienen ni idea de esas energías de las que hemos estado hablando y que especialmente se manifiestan en las personas llamadas «psíquicas». Pero lo cierto es que esas energías las tiene en mayor o menor grado todo el mundo.

Quienes probablemente se puedan beneficiar más de ellas son las madres de los bebés. Durante los primeros meses de la vida, las corrientes de energía que surcan el cuerpo del bebé son en muchos aspectos iguales que las de su madre, o por lo menos son muy parecidas, de modo que la conexión entre ellas o la comunicación es muy fácil, tal como ha sido durante todo el tiempo de la gestación. Es sabido que los bebés muchas veces lloran sin que se sepa por qué y sin que por otra parte haya una causa grave para ello. Simplemente son pequeños malestares pasajeros que siente y que no puede manifestar de otra manera que no sea llorando.

Pues bien, es entonces cuando esa energía que fluye por las manos de su madre puede ser de mayor utilidad. Muchos llantos de los niños (y eso por instinto o por pura casualidad lo han descubierto muchas madres) pueden ser calmados con unos simples «pases» hechos a lo largo del cuerpo del bebé, de la cabeza a los pies, y preferentemente emitiendo algún sonido que le sea familiar al niño y que le inspire tran-

El psíquico y curador G. Tepancatl en compañía del autor, en el Salto de Eyipantla, en Veracruz (México). Los lugares cercanos a caídas de agua son extraordinariamente propicios para toda suerte de fenómenos paranormales, sobre todo para aquellos en los que aparenta haber una aparición extrahumana. Por supuesto, muy cerca de la cascada hay una imagen de una «virgen» en una pequeña cueva, como recuerdo de una aparición que allí tuvo lugar.

quilidad. O simplemente poniendo ambas manos encima de su cabeza y manteniéndolas allí durante un rato mientras se concentra imaginando que el niño se va a callar. La «energía» de la madre lo inundará y, a menos que se trate de algo de mayor importancia, reajustará y equilibrará cualquier desarreglo menor de su organismo, dondequiera que sea, y probablemente le inducirá un sueño tranquilo. ¡Cuánto más fácil resulta esto que andar corriendo a buscar un doctor en cuanto el bebé llora sin que se sepa por qué! El llanto es el lenguaje normal (y casi único) del bebé, y lo utiliza tanto para decir pequeñas como grandes cosas.

Pero este no es el único uso que le podemos dar a esta energía que nos fluye a través de los dedos. En la mayoría de las personas esta emisión de energía es normal (aunque susceptible de ser mejorada y perfeccionada con la práctica), lo que quiere decir que es débil. Sin embargo, en algunas personas (y no creo que sea menos del uno por ciento) esta energía es más fuerte, siendo fácilmente detectable con algunos sencillos experimentos. El más sencillo consiste en plantar en tiestos diferentes semillas iguales y, manteniendo las condiciones de cultivo iguales, tratar de influir en su crecimiento con la imposición frecuente de manos. A veces sucederá que, en vez de acelerar el crecimiento, se inhibe mediante la aproximación de las manos; pero lo más normal será que se acelere, a veces muy notablemente, refutando así la teoría de González Quevedo de que el común denominador de las telergias es «secar y paralizar».

Y todavía está el caso de los psíquicos inconscientes, es decir, aquellas personas que tienen una extraordinaria capacidad de emitir energía y no lo saben; algunas se van a la tumba sin haber descubierto nunca su capacidad y otras lo hacen por pura casualidad o muy tarde en su vida. En la actualidad ya hay aparatos para medir el psiquismo de las personas e incluso para diferenciar diversos tipos de cualidades paranormales. Uno de los más conocidos y aceptados es el del doctor Hiroshi Motoyama, llamado A.M.I. (Aparato para medir el funcionamiento de los Meridianos y de los órganos Internos relacionados con ellos).

Estas personas que son capaces de emitir en abundancia esa bioenergía deberían con toda prudencia y sin prescindir de la ayuda del médico tratar de experimentar en pequeñas heridas de amigos o familiares. Lo único que tienen que hacer es poner las manos durante varios minutos a una corta distancia de la herida y observar en el transcurso de los días si hay alguna aceleración en el proceso de curación. Y lo mismo se puede decir en presencia de dolores o malestares, cuando a pesar de los medicamentos no ha habido mejoría alguna. Y no hay que olvidar que la mente, tanto la del enfermo como la del psíquico, es el gran potenciador de esas energías. Por lo tanto, será muy conveniente que se concentren cuando practiquen esas experiencias.

Nada tendría de raro que algún día comiencen a caer en la cuenta de que, después de sus imposiciones de manos (o incluso leves masajes), las personas sienten una mejoría, que a veces puede ser instantánea. Entonces harían muy bien en seguir en sus experiencias, pero siempre con prudencia y sin tratar de convencer a nadie de que no tiene necesidad de ir al médico. Eso sí sería un error. Pero mientras se mantenga en los límites indicados, a nadie puede perjudicar la sola imposición de sus manos.

Fijémonos ahora en el otro tipo de energías que provienen del ser humano y que no salen preferentemente por las manos, sino que son irradiadas por el cerebro o directamente por la mente. Son las que anteriormente señalé como 1B.

Vuelvo a repetir que al hablar así estoy en el puro campo de las hipótesis, aunque basado en muchos hechos. Admito

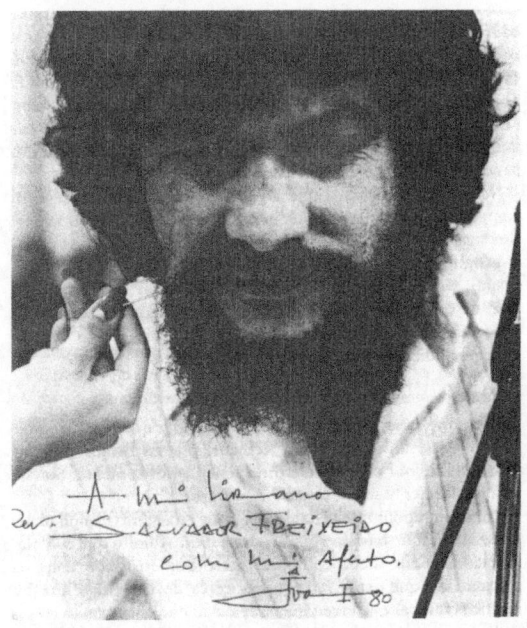

Iván Trilha, conocido en España por sus intervenciones, combina en su vida muchos de los elementos de los que hemos hablado a lo largo de este libro.

que con mucha facilidad me puedo equivocar, pero por otro lado tengo la seguridad de que estoy mucho más cerca de la verdad que los científicos miopes que creen que la realidad que ellos captan en sus toscos instrumentos es la única realidad.

Creo que es mucho más grandioso y está mucho más de acuerdo con la vastedad y con la complejidad que vemos en el universo imaginar que estamos inmersos en un océano de vida y de inteligencia, al igual que las bacterias de un vaso de agua están rodeadas por mundos de bacterias fuera del vaso y por toda la vida vegetal, animal y humana, la cual desconocen. Si alguien sumerge una cucharilla en el vaso, ese sencillo acto puede ser que sea todo un acontecimiento misterioso para las bacterias, algo así como una «aparición» que tiene el enorme poder de dividir todo su mundo en dos mitades. Si tuviesen inteligencia, harían toda suerte de conjeturas, discurriendo acerca de las intenciones de aquel duro, brillante y enorme «dios». Creerían que pretendía dividir a las «buenas» (las del lado cóncavo) de las «malas» (las del lado convexo) o que se proponía alejarlas del centro, viendo la velocidad con que giraba dentro de su mundo; cualquier cosa, menos imaginar que aquel «dios» metálico era también juguete de otro pequeño dios vivo que lo único que pretendía era mover el azúcar.

Los hechos paranormales que nosotros observamos (entre los que se cuentan las curaciones psíquicas y milagrosas) no son más que los síntomas de otras realidades mucho más complejas, de las que estamos tan ajenos como la bacteria de la existencia y de las intenciones del humano que mueve la cucharilla. Sencillamente, lo que vemos no es lo que parece ser.

Diremos que si la energía que veíamos salir por los dedos de los psíquicos era sutilísima e indetectable por los aparatos comunes de la ciencia médica y aun de la física más avanzada, esa otra «energía» emitida directamente por la mente humana es todavía mucho más sutil y por eso capaz de producir los «milagros» que produce, que a todas luces son «imposibles» en muchas ocasiones si los juzgamos según los parámetros de nuestra ciencia. Pero no olvidemos que la inteligencia que los causa es nuestra inteligencia inconsciente, que sabe mucho más y es mucho más poderosa que la mente consciente con la que gobernamos nuestras vidas diarias.

5

CUALIDADES
DE LAS BIOENERGÍAS 1B

Esta bioenergía tiene cualidades que la hacen diferenciarse de las otras energías conocidas e incluso de aquellas que veíamos emanando en forma de auras alrededor del cuerpo de los psíquicos y de una manera particular saliendo a través de los dedos de sus manos. Veamos cuáles son algunas de esas cualidades.

En primer lugar, participan de la inteligencia o cuasiinteligencia que veíamos en las otras energías (de no ser ellas inteligentes, estarían inmediatamente dirigidas por alguna inteligencia). También participan de la cualidad de crear campos y actuar a través de ellos, en un sentido semejante al que a esa palabra le da la física moderna.

Cuando una persona logra entrar en contacto con la materia prima universal, no solo ella empieza a regirse por leyes que desconocemos y a ser capaz de usarlas, sino que todo lo que está alrededor (sean cosas o personas) está también bajo la influencia de las mismas leyes, pudiendo por lo tanto manifestarse en las inmediaciones todo tipo de fenómenos paranormales. Hay una especie de contagio que no solo es psíquico, sino que también se extiende a la realidad física circundante. A ese nivel de existencia, lo psíquico y lo físico se manifiestan mucho más claramente como meras dimensiones de un *continuum* ininterrumpido.

Esa puede ser la explicación de cómo es posible que personas que se acercan a algunos psíquicos que son grandes emisores de telergias, o que cuando estos están en estado de trance (o de alguna manera en comunicación con ese nivel de existencia al que nos estamos refiriendo), se vean a veces forzadas, aun contra su voluntad, a hacer lo mismo que ellos hacen, o a hacer cosas que de ninguna manera podrían hacer en circunstancias normales. Los turistas que repentinamente, en ceremonias mágicas o religiosas, han caminado sobre fuego, son un ejemplo de ello.

Las operaciones de Pachita, descritas en páginas anteriores y en las que participé activamente, pueden ser otro ejemplo de esto. En circunstancias normales nunca hubiese podido hacer las cosas que estando al lado de ella y bajo su mandato hice, y eso sin estar yo en estado de trance ni nada por el estilo.

Una característica peculiar de estas energías es la de trascender el espacio y el tiempo. Un resultado inmediato de esto es su capacidad de actuar a distancia y de actuar inmediatamente o mejor dicho simultáneamente al momento en que son emitidas por la mente del psíquico. Esto se ha demostrado en experimentos muy diversos.

Señalaré uno muy importante que no solo confirma el de Oscar Estebany reseñado en páginas anteriores, sino que lo supera de una manera notable.

Olga Worrall, norteamericana, ha logrado, con la sola imposición de sus manos, numerosas y notables curaciones. A tal punto llegan sus dotes curativas que la celosa y poderosísima Asociación Médica Norteamericana no se ha atrevido con ella como se ha atrevido con otros grandes curadores, a los que ha logrado encarcelar o por lo menos impedir que siguiesen curando. Ha contribuido a ello el que famosos laboratorios y universidades la hayan utilizado para sus investigaciones. Y es precisamente uno de esos experimentos, realizado por la Fundación Ernest Holmes, el que quisiera reseñar aquí.

El año 1974, dicha fundación utilizó una cámara de niebla para ver si las telergias emitidas por Olga Worrall eran detectables igual que las subpartículas atómicas. Primeramente, los doctores Miller y Reinhart pusieron sus propias manos sobre la cámara y nada sucedió. Pero cuando Olga Worrall puso las suyas, el gas de la cámara acusó la presencia de un haz de ondas que variaban conforme Olga variaba la posición de sus manos.

No solo eso, sino que tres meses más tarde repitió el mismo experimento estando a mil kilómetros de distancia, y de nuevo la cámara acusó la presencia de haces de ondas de energía que la cruzaban precisamente en el momento en que Olga se estaba concentrando para lograr aquel efecto, y precisamente en la dirección en que ella decía por teléfono que lo estaba haciendo.

Con ese experimento histórico estamos poniendo al descubierto otra cualidad fundamental de la mente humana: la capacidad de influenciar la prima-materia o el caldo primigenio de que está hecho todo el universo. (No olvidemos que el gran astrónomo Shapley dijo que el universo daba más bien la impresión de ser una gigantesca inteligencia).

Con estos párrafos estamos entrando en la parte más interesante de todo este trabajo, y tengo que confesarle al lector que todo este tema me fascina, pero al mismo tiempo quiero dejar bien claro que todo lo que voy a decir, si bien está respaldado por muchos hechos, lo presento como una especulación, fruto de muchas horas de reflexión y como un esfuerzo de mi mente por explicarse tantos misterios como nos rodean.

Nuestra mente, cuando cumple determinadas condiciones, no solo es capaz de influir en esa materia prima universal, sino que es capaz de organizarla a su conveniencia y de usarla. Mediante la capacidad de organizar puede llegar a crear aparentemente, es decir, hacer que aparezca algo que no estaba allí ni estaba en ninguna parte con esa forma. En ese caso, el crear sería simplemente organizar esa materia prima universal o caldo primigenio con el que se hacen los átomos, y por eso dije «crear aparentemente», ya que no se trataría de una creación «de la nada» de la que hablan los teólogos.

En lo que se refiere a esa «creación», no olvidemos que, a medida que la física profundiza, se va encontrando con que los materiales de que está hecho el universo se van simplificando. En tiempos pasados los sabios creían que el mundo estaba constituido por los famosos cuatro elementos, irreductibles e inintercambiables entre sí, pero hoy ya sabemos que la cosa no es así, sino que todo el universo está hecho del mismo material. Los átomos, al igual que todas las demás cosas, dan la impresión de ser diferentes entre sí únicamente por la diversa colocación de esos mismos materiales. Pero el día en que la inteligencia humana llegue a descubrir lo que hay debajo de esas misteriosas partículas y de esa sutilísima energía que las mantiene unidas, se encontrará con que los elementos básicos de construcción de todo el cosmos se han simplificado hasta convertirse en la materia prima de la que está hecho todo: una sola cosa, indefinible, inmutable, trascendente y conocedora de sí misma. Las diversas formas que adopte aquí o allá en el universo son pequeños accidentes sin importancia.

Como he dicho anteriormente, cuando andamos a este nivel, sentimos el aliento de Dios. Esa materia prima universal tiene las huellas frescas de la Gran Mente que puso a girar las galaxias. ¿No será ella misma una partícula de esa Gran Mente?

Al oírme discurrir así, me doy lástima, pues me veo como a un niño campesino, mudo al mismo tiempo que extasiado ante el mar que por primera vez se despliega a su vista. Si la materia más complicada está hecha de átomos, y los átomos están todos hechos con los mismos materiales, lo único que habrá que hacer para crear materia será saber manipular ese caldo primigenio. Y ni siquiera tenemos que preocuparnos demasiado por eso, porque, por lo que parece, él sabe organizarse solo. Está manejado y dirigido por una cierta inteligencia que le dice dónde, cuándo y cómo tiene que colocarse. Cuándo tiene que ser piedra y cuándo tiene que ser madera. Cuándo tiene que ser agua y cuándo tiene que ser aire... Y cómo tiene que ordenarse para ser carne viviente.

¿Quién colocó mis átomos en su sitio, de modo que como resultado de esta ingente torre de neutrones, protones y electrones resultase un ser humano y resultase precisamente yo? Seguramente no fue la inteligencia de mi madre. Y seguramente no fue tampoco la inteligencia de un Dios inmediato, tal como nos lo presenta la Biblia, entrometido en las vidas humanas e interfiriendo constantemente con las leyes de la naturaleza y hasta con las leyes de la justicia.

Toda la materia prima del universo, todos los átomos y todas las criaturas están programados a diversos niveles. Esa es la razón de que muchas veces den la impresión de ser inteligentes. Están conectados con alguna inteligencia, que a su vez está unida con la Gran Inteligencia que lo gobierna todo desde la infinita profundidad de Sí Misma.

La mente humana, cuando cumple ciertas condiciones, tiene el poder de organizar y también el de desorganizar esa sutil materia prima. Y una consecuencia de esto es el fenómeno que, tanto en parapsicología como en teosofía, espiritismo y esoterismo, se llama «materialización», y en algunos casos también «aparición». Si solo hubiese unos cuantos casos históricos de materializaciones, yo no creería en su realidad. Pero son tantos los miles de casos que leemos en todas las historias y conocemos personalmente, que cerrarse a ellos o no querer admitirlos es dar señales de poca inteligencia o de cerrazón mental.

Por otra parte, no tenemos que admirarnos tanto de esa capacidad de nuestra mente. En la naturaleza podemos ver capacidades pasmosas en muchas criaturas que a fuerza de verlas ya las consideramos como algo completamente normal, cuando la verdad es que nuestra mente no encuentra explicación alguna para ello. Tomemos por ejemplo la capacidad que tienen los machos de algunas especies de mariposas de detectar la presencia de una hembra a decenas de kilómetros. O la capacidad de vuelo y de orientación de las golondrinas de mar, que cada año hacen un viaje migratorio a través del océano, de unos veinticinco mil kilómetros. O el portento que vemos repetido en algunos batracios y reptiles, que son capaces de hacer crecer de nuevo el rabo o alguno de sus miembros cuando les son amputados. En los dos primeros casos todavía se podría acudir a la captación de algunas microondas (descubiertas hace muy poco tiempo), pero, en el tercer caso, ¿quién es el que da la orden para que los átomos y las moléculas y células diferenciadas se fabriquen y luego se coloquen donde tienen que colocarse? ¿Y quién es el que las fabrica y las coloca en su sitio exacto? Ciertamente, no es la inteligencia del animal.

Pues bien, ante estos hechos que no sabemos a quién atribuírselos, no tenemos que pasmarnos tanto de que nuestra mente sea capaz de penetrar en los secretos de la creación. Y al igual que los átomos se organizan hasta llegar a formar un rabo nuevo para la lagartija (sin que esta se entere cómo), muy bien puede ser que la mente humana (también sin enterarse mucho) llegue a sintonizarse con la inteligencia que rige esas operaciones y logre influir directamente en ellas.

Y aquí convendría esclarecer un punto. Probablemente los lectores muy religiosos no estarán de acuerdo conmigo cuando digo que «no sabemos a quién atribuírselos», pues me dirán que eso «es obra de Dios o de su providencia». Pero yo me estoy refiriendo al autor inmediato. No tengo inconveniente en admitir que Dios sea el autor mediato, debido a sus leyes, etc., por las cuales se rige todo el universo. Pero ciertamente el crecimiento de ese nuevo miembro no se realiza porque Dios esté allí inmediatamente haciéndolo crecer. Esta manera de concebir a Dios es totalmente infantil. Y a los que la defienden, con todo respeto les pregunto quién es el que causa las inundaciones, los terremotos y las catástrofes en los que perecen miles de inocentes. Lógicamente tendría que ser también Dios (aunque no faltarán quienes se lo atribuyan al chivo expiatorio de Dios que es el demonio).

No es lógico poner a Dios a hacer las cosas buenas e ignorar en cambio quién es el causante de las malas. Y decir que somos nosotros los causantes con nuestras malas acciones (no sé qué malas acciones puede tener un recién nacido) podría ser a fin de cuentas admitir la idea de un Dios vengativo.

Lo que nos interesa y de lo que estamos tratando es de las causas inmediatas de todos esos hechos maravillosos que contemplamos. Y lo mismo que hoy ya no le achacamos ciertas enfermedades al diablo, sino que hemos descubierto el virus preciso que las causa, de la misma manera estamos tratando de penetrar en los secretos que Dios ha dejado escondidos en las entrañas del átomo; ya hemos descubierto algunos, pero todavía nos quedan muchos por descubrir. Y a medida que los vamos descubriendo, vamos mejorando nuestras vidas, al mismo tiempo que vamos cayendo en la cuenta de la infinita sabiduría y grandeza del Creador.

Dije que la mente no solo es capaz de organizar, sino también de usar esta materia pnma universal. La usa aunque no la conozca bien en su esencia, lo mismo que usamos la electricidad, la luz y la fuerza de la gravedad sin que sepamos a fondo qué son y teniendo solo un relativo control sobre ellas.

Pero hay una peculiaridad en el uso de esa energía-inteligencia que está fuera del ser humano: a veces la mente humana que la usa es a su vez utilizada por ella, y hasta da la impresión de que le gastan bromas. Y la razón es que el ser humano, cuando sale fuera de sí mismo para llamar o invocar en su auxilio algo que le es desconocido (y esto lo puede hacer de muchas maneras conscientes o inconscientes y disimulando bajo la forma de cultos o creencias religiosas), corre el riesgo de entrar en sintonía con algo que no es precisamente lo que buscaba, porque el mundo inmaterial del espíritu es mucho más vasto que el mundo que captan nuestros sentidos.

Puede ser que, tras una invocación, la mente logre el poder de usar alguna de esas energías inteligentes (y prueba de ello son los milagros, todo tipo de hechos paranormales, los favores «concedidos» después de nuestras plegarias, etc.), pero al mismo tiempo puede ser que comience a recibir órdenes o mensajes de ellas que la mente no puede entender bien, terminando en muchas ocasiones por desquiciarse ante la complejidad de lo que está percibiendo.

La humanidad ha tenido desde siempre sospechas de que fuera de ella y por encima de ella hay otras inteligencias..., pero al mismo tiempo ha estado siempre muy confundida acerca de esas mismas inteligencias.

6

CUATRO NIVELES
DE INTELIGENCIAS

Yo distinguiría cuatro niveles de inteligencias.

Primero estaría esta materia prima inteligente e impersonal a la que me vengo refiriendo, que llena todo el cosmos y que es capaz de ser influida directamente por nuestra mente.

En segundo lugar estaría lo que Jung llama el «inconsciente colectivo» (algo así como un depósito, también impersonal, a donde van a parar todos los pensamientos y conocimientos de las personas), que sería lo que otros autores han llamado el «plano Psi», o la «superconsciencia» o la «mente universal».

En tercer lugar vendrían las inteligencias personales de seres en cierta manera superiores a nosotros e invisibles para nuestros sentidos. Todas las religiones (incluido el cristianismo) nos hablan de ellos, aparte de las creencias que sostienen que los espíritus de los muertos pueden interferir de alguna manera en los asuntos de los vivientes.

Por último, estaría la Gran Inteligencia, abarcadora de todo el cosmos y Causa Primera de todo lo que existe, totalmente incomprensible por nosotros y a quien los teólogos se han hartado de faltarle al respeto con sus definiciones.

Por supuesto que la humanidad, infantilmente, ha llamado «Dios» a cualquiera de estos tipos de inteligencias que se manifestase. Pero en realidad se trataba solo de un «dios» en minúsculas y entre comillas, porque el verdadero Dios está más allá. El verdadero Dios no se manifiesta con tanta frecuencia y de maneras tan «personales» y contradictorias como cree la infantilidad humana. En esa confusión en que la humanidad se encuentra en cuanto a Dios, los teólogos más conspicuos (que en esto están tan perdidos como el resto de sus hermanos) han colaborado con los miles de visio-

Parte de la enorme multitud que se congrega ante la basílica de Fátima. La sutil y misteriosa energía que segregan esas multitudes enfervorizadas propicia grandemente la realización de cualquier fenómeno paranormal, que en estas circunstancias se llamará naturalmente «milagro». Es como una enorme batería de energía psíquica, y a uno le asalta la sospecha de que esta es la razón de por qué desde los orígenes de la humanidad hay siempre «alguien» que le insta a ser religioso y a reunirse para adorar algo o a alguien.

narios y alucinados que creen que Dios en persona se les ha aparecido. La mayoría de las apariciones proceden del tercer tipo de inteligencias, y los mensajes proceden de estas mismas inteligencias y de las que hemos puesto en segundo lugar, que, aunque impersonales, actúan como una pared que devuelve lo que le viene de las mentes de todas las personas, siendo esta la causa de que los mensajes recibidos por tantos visionarios sean tan diferentes en su contenido y tan contradictorios entre sí.

Comprendo a la perfección que a más de un lector todas esas ideas le resulten muy raras. Yo he tardado años en llegar a ellas y solo las he admitido después de conocer muchos hechos extraños que ignoré durante mucho tiempo, ya que tanto el dogmatismo religioso como el científico los tenía y sigue teniendo censurados.

Una prueba de todo eso que acabo de decir podría ser el gran fenómeno del espiritismo. El espiritismo, por más que a algunos les resulte antipático, es un fenómeno psicológico y físico de primera magnitud, un fenómeno del que la ciencia podría haber aprendido muchas cosas si hubiera dejado aparte los prejuicios.

Yo discrepo de la manera que tienen los espiritistas de interpretar los hechos de los que son testigos, pero debo admitir que semejantes hechos son reales, por lo menos con algún tipo de realidad. Mi interpretación de los fenómenos que se dan en el espiritismo está de acuerdo con las ideas hasta aquí expuestas.

El espiritismo, globalmente considerado, no es más que un intento de manipulación de las mentes humanas por parte de esas energías-inteligencias o por parte del inconsciente colectivo o plano Psi de que hablan otros autores. En el espiritismo, lo mismo que en todas las religiones, se dan hechos portentosos junto a hechos absurdos y totalmente ilógicos.

Hay aspectos muy elevados y hay aspectos ilógicos que no tienen explicación alguna.

Estas energías inteligentes, cuando el ser humano logra entrar en contacto con ellas (o cuando es contactado por ellas sin que la persona lo busque), por lo general se presentan según el contexto cultural de aquellos a los que se manifiestan o tal como estos o la sociedad esperan que se presenten. En ocasiones son una especie de eco de lo que las personas o la sociedad entera tienen en su mente o en sus sentimientos.

7

¿INTERFIEREN
EN LA VIDA HUMANA?

Llegados a ese punto, trataremos de la relación que esas inteligencias extrahumanas personales (a las que nos referimos en tercer lugar) tienen con las curaciones paranormales.

Cuando se quiere estudiar las curaciones paranormales hay que hacer una gran distinción. Por una parte, hay que considerar las energías que proceden de las insospechadas capacidades del cuerpo y de la mente humana. Por otra, hay que estudiar la posibilidad de existencia de otras energías que procedan no precisamente del ser humano sino de algo o de alguien fuera de él, siendo el ser humano en este caso un mero instrumento o canal para que esas energías se manifiesten.

Aquí quiero considerar la posibilidad de que existan tales energías foráneas y de que, de hecho, intervengan en algunas de las curaciones paranormales.

Antes de entrar en este espinosísimo tema, le confieso al lector mi perplejidad. Por un lado, mi mente se resiste a admitir interferencia alguna inteligente extraña al ser humano, pero por otro lado es tal la cantidad de hechos extrañísimos, no solo en el campo del curanderismo sino en el vasto campo de la paranormalogía, que uno solo puede admitir la posibilidad de que algo o alguien esté interfiriendo de una manera muy sutil en las vidas de las personas, sin que estas caigan plenamente en la cuenta.

En todo caso, esta duda mía (y de muchos otros investigadores del campo de lo paranormal) y esta apertura a extrañas posibilidades la considero mucho más científica que la cerrazón obtusa y apriorística de muchos de los que se dicen científicos. Estos mismos apriorismos les llevan a ignorar los hechos; de conocerlos a fondo, indudablemente dejarían de ser tan dogmáticos en sus afirmaciones.

Procuraré hacer un resumen de cuál es mi manera de pensar en todo este nebuloso tema, que tantas controversias ha desatado y que, en el fondo, es la médula de todas las religiones: la interpretación, la sublimación o la racionalización de todo un mundo de hechos extraños que han llenado siempre de pasmo a la humanidad, siendo la interpretación de tales hechos lo que más ha contribuido a dividir y enemistar a los pueblos del mundo.

Cuando un curandero administra cualquier medicina extraña, puede ser que esté haciendo algo que él conoce bien porque lo ha estudiado, o porque lo ha sacado de su mente inconsciente, o porque lo ha captado en el «plano *psi*», en donde está almacenada toda la sabiduría de la humanidad presente y pasada. Cuando un curandero impone sus manos y cura, puede ser que lo único que esté transmitiendo sean energías propias; pero también cabe la posibilidad de que cuando un curandero impone sus manos o receta tales hierbas esté hablando así porque alguien se lo está dictando o esté transmitiendo una energía que no es de él, sino que en ese mismo momento se la están dando para que la transmita.

Creo que los seres humanos no somos los únicos seres inteligentes que existen, no ya solo en el universo entero, sino en este mismo planeta, que consideramos tan exclusivamente nuestro, y creo que estas inteligencias interfieren en las vidas de las personas mucho más de lo que nos imaginamos quienes tenemos alguna sospecha de esto.

Y al decir esto no me estoy refiriendo a esa cuasiinteligencia que es el «plano *psi*» o el inconsciente colectivo, considerado como un depósito de todos los conocimientos de la humanidad y que actúa automáticamente como un eco de lo que recibe de nuestras mentes. Ese inconsciente colectivo impersonal sería como algo intermedio entre las energías que proceden del cerebro humano y unas entidades personales que serían a fin de cuentas las últimas responsables, no solo de algunas curaciones paranormales, sino de infinidad de hechos misteriosos que durante siglos han intrigado a la humanidad. A estas es a las que me estoy refiriendo y a las que voy a dedicar los últimos párrafos de este capítulo, De ser ellas reales, no tendríamos más remedio que admitir que algunos humanos no son sino meros intermediarios (médiums) entre ellas y nosotros.

Repito que es en cierto sentido doloroso, desde un punto de vista intelectual, llegar a esta conclusión. Pero si hemos de ser honestos ante los hechos, no tendremos más remedio que admitir la posibilidad de que seres totalmente desconocidos por nosotros y en algún sentido más inteligentes interfieran en nuestras vidas.

Estos entes personales, invisibles para nosotros, serían de muchísimos tipos, unos más inteligentes que otros y con motivaciones totalmente diferentes y cambiantes. Sus motivaciones nos son tan desconocidas como lo son para las gallinas de una granja los pensamientos y las intenciones del dueño de la misma.

La existencia de semejantes entidades es admitida por todas las religiones. En la religión cristiana se les llaman «ángeles» o «demonios», y según la teología y la Biblia los vemos entrometiéndose en las vidas de los humanos a lo largo de toda la historia y de la vida de cada persona. Por lo tanto, las personas religiosas no deberían extrañarse mucho de que consideremos esta hipótesis como posible y, si son lógicas, no deberían considerarla como meramente posible, sino como una realidad absoluta que constituye parte de la esencia de sus propias creencias.

Es curioso que mientras muchos fervientes católicos o cristianos sostienen tenazmente la existencia de estos espíritus angélicos o demoníacos, tal como se lo dice su fe, sin embargo les cuesta muchísimo trabajo sacarlos del marco en que se los presenta su Iglesia y se niegan a admitir la posibilidad de cualquier otro tipo de seres o de inteligencias que no se presenten tal como se lo dice su dogma.

Muchos de estos creyentes se ríen o se indignan ante la sola mención del fenómeno ovni, que es una prueba fehaciente de que en torno a nosotros hay otras inteligencias, por más que nuestra mente no llegue a comprender bien de qué clase de seres se trata. Y yo creo que es posible (y más que posible) que sean precisamente estos seres que de una manera genérica se engloban dentro del fenómeno ovni los causantes de parte de la vasta fenomenología paranormal y los causantes de todas las creencias religiosas.

Por otro lado, aunque discrepo de la manera sectaria como se suele presentar, veo mucho más lógica la posición de aquellos protestantes que sostienen que «todo lo que tiene que ver con los ovnis es producto de Satanás» (aunque yo no crea en Satanás, tal como nos lo presenta el cristianismo). Esta posición es una deducción totalmente lógica de lo que estos fanáticos leen en la Biblia. Lo que ellos no saben es que la Biblia, lejos de ser la «palabra de Dios», es un libro más de los muchos que esas inteligencias nos han dictado para manipular nuestras mentes.

En nuestra hipótesis, sacaríamos a esas entidades del ámbito sacro y las veríamos como otras criaturas inteligentes más, entre las muchísimas que tienen que existir en la vastedad del cosmos infinito. La razón de su interferencia en nuestras vidas no sería solamente para inducirnos al bien o al mal con objeto de que nos «salvemos» o nos «condenemos», según nos dice la religión cristiana, sino que podrían ser tan variadas como son las razones que los seres humanos tenemos para interferir en las vidas de los animales o en las de otros humanos en un grado de desarrollo social inferior al nuestro.

Otra razón que debería contribuir a que no nos extrañemos tanto de una teoría como esta podría ser lo que le estamos oyendo decir a una ciencia tan sesuda y tan realista como la física, que cada año que pasa nos asombra más con los descubrimientos raros que está haciendo y en los que tanto se acerca a las cosas extrañas que durante siglos han estado diciendo los esotéricos.

Los grandes físicos nucleares nos están hablando insistentemente de universos paralelos y de antimateria, dando con ello la razón a los que dicen que nuestra realidad (la que percibimos con nuestros sentidos) no es la única realidad.

En mi libro *Israel, Pueblo-Contacto* traté bastante a fondo, aunque desde un punto de vista un tanto diferente, este mismo tema. Allí decía que las maneras de actuar de estas entidades, sus motivaciones y sus propósitos nos son completamente desconocidos; cuanto más estudiamos sus innegables intervenciones en las vidas de las personas, más perplejos estamos.

Allí decía que, por lo que parece, «escogen» a unos con preferencia a otros, «juegan» con mucha frecuencia con aquellos a quienes escogen, y no es extraño que los sometan a bromas pesadísimas, les exigen grandes sacrificios en pago de lo que les dan, inexplicablemente engañan o por lo menos no hablan con sinceridad,[11] aunque les gusta presentarse como deseosos de ayudar a los humanos; dan poderes a unos mientras castigan a otros, abundando más los castigos que las ayudas, y cuando castigan lo suelen hacer de una manera feroz ensañándose en sus víctimas. En una palabra, nos usan para lo que les conviene. Si en un determinado momento les conviene ayudarnos para conseguir algo, lo harán, y si en el siguiente momento les molestamos, nos sacarán del medio sin contemplaciones.

El terrible resumen es que nos usan lo mismo que nosotros usamos a los animales: si nos conviene o nos gusta, los tratamos bien, y si nos molestan y nos conviene, los matamos, sin que precisamente los odiemos.

A veces da la impresión de que sus razones para interferir en nuestras vidas guardan un paralelo con las motivaciones de los humanos para realizar ciertos actos. Parece que lo hacen por puro deporte, por pasatiempo o hasta por vanidad, y a juzgar por los hechos, uno sospecharía que entre estos seres hay tantas rivalidades y odios, como los hay entre los seres humanos.

Cuando una persona es «escogida» (o cuando por diversas razones no muy claras logra entrar en contacto con estas entidades), comienza a actuar de una manera diferente y muy probablemente será capaz de hacer «milagros» o he-

---

[11] Véase esta curiosísima cita de Emmanuel Swedenborg (siglo XVIII): «Cuando los espíritus le comienzan a hablar a un hombre, este debe guardarse muy bien de creer nada de lo que le digan. Porque casi todo lo que dicen son mentiras inventadas por ellos. Cuando hablan de cómo son las cosas en los cielos y de cómo es el universo, dicen tantas mentiras que uno se queda asombrado». Swedenborg fue uno de los más grandes ingenieros y científicos de su tiempo y de él dijo Emerson que se necesitaría una legión de personas para poder desentrañar todo lo que dejó en sus muchos escritos.

chos extraordinarios, más o menos cuerdos y útiles. Y cuando nos encontremos ante un verdadero «escogido» no nos extrañemos de que sea capaz de hacer cualquier cosa. Manejará como un «dios» la materia, porque los «dioses» que lo usan y están en contacto con él son los que le dan ese poder.

Cuando los humanos entran en contacto con los «dioses», entran en otra dimensión y todas las cosas a su alrededor, aunque conservan las apariencias, pierden su verdadero sentido. Desde este punto de vista, la medicina psíquica no tiene explicación ni sentido. Ni las «operaciones» ni la misma curación tienen entonces importancia; lo que entonces importa es el acto trascendente por el que la persona ha roto su dimensión y ha saltado al «más allá». Es el acto sagrado de comunicación del humano con el «dios»; y mejor todavía, es el uso misterioso (¿y abusivo?) que en ese momento el «dios» está haciendo del humano.

Cuando esto sucede, estamos en otra dimensión, donde todo es posible y en donde ni nuestros sentidos captan bien ni nuestra mente comprende.

Tratar de entenderlo es pretender que un párvulo entienda las ecuaciones de la teoría de la relatividad; esa otra dimensión es un mundo físico hecho de ecuaciones totalmente incomprensibles en el mundo tridimensional en el que vivimos.

Ante realidades tan profundas y tan sorprendentes como estas, ¿cómo podemos extrañarnos de ningún tipo de curaciones y ni siquiera ante ningún hecho paranormal, por raro que sea? El error de muchos médicos es tratar de explicarse los extraños hechos de los curanderos con las cuatro nociones que nuestro cerebrito tiene acerca de las infinitas posibilidades del universo.

CUARTA
PARTE

CUARTA
PARTE

1

CÓMO BENEFICIARNOS DE LA ENERGÍA DE NUESTRO CEREBRO

Lector, olvídate por un momento de lo que has leído en los últimos párrafos del capítulo anterior; las energías inteligentes de que allí hablaba son en cierto modo incontrolables por nosotros. En este capítulo voy a volver sobre la maravillosa energía de nuestro cerebro que sí podemos controlar y utilizar. En él encontrarás la clave para entender muchas de las cosas oscuras aparecidas hasta aquí. Y no solo eso, sino que hallarás la manera concreta de aplicar muchas de estas cosas para tu propio beneficio y el de quienes te rodean.

El cerebro humano, pese a todas sus limitaciones y a que en cuanto deja de percibir informes de los sentidos se encuentra bastante perdido, sigue avanzando en una evolución incontenible y sigue preguntándose sobre sí mismo y sobre la vida que lo rodea. Y no se puede negar que en estos últimos años hemos avanzado muchísimo en el propio conocimiento y en la razón de nuestra existencia.

A lo largo de la multimilenaria historia de la humanidad, ha habido muchas personas que de alguna manera han intuido, con mayor o menor claridad, muchas verdades profundas y fundamentales que se escapan a la mirada normal y que ni siquiera han sido captadas por la ciencia más avanzada. Estas personas (brujos, chamanes, santos, iniciados, lamas, etc.) usaban esas verdades sin saber, en la mayoría de los casos, qué era lo que tenían entre manos. Casi todas creían que se trataba de un don especial de Dios o de algún «espíritu superior» que, sin llegar a ser Dios, estaba en un plano más elevado que el humano. Unas pocas de ellas cayeron en la cuenta de que no se trataba de nada trascendente o suprahumano, sino que se trataba de ciertas leyes misteriosas de la naturaleza que ellas habían conocido porque alguien se las comunicó, o que sencillamente habían descubierto por casualidad. Pero ninguna de estas personas fue capaz de innovar nada porque en realidad se hallaban bastante perplejas en cuanto a sus propias capacidades.

Hoy día, mediante la genialidad de algunos humanos, hemos ido penetrando en esos misterios y descubriendo sus verdaderas causas y raíces profundas. Nos hemos convencido de que todos esos poderes tienen una causa genérica común.

Y nos hemos afirmado también en la creencia de que la causa está dentro del humano (aunque en algunos casos puede ser extrahumana), debido a capacidades que este desconoce.

Hasta aquí no hay nada nuevo. Lo nuevo y revolucionario está en el hallazgo de que estos poderes:

1. Los tienen latentes todos los seres humanos (no son un privilegio de algunos psíquicos privilegiados).[12]

---

[12] Este es uno de los puntos básicos que el doctor Enio Hernández Freites, presidente del Instituto Venezolano de Parapsicología y eminente psíquico y curador, enseña en los cursos que periódicamente se dictan en su sede de Caracas. No solo lo enseña en teoría, sino que personalmente hemos visto cómo bastantes de sus alumnos han logrado desarrollar facultades paranormales, incluida la capacidad de curar o de, al menos, ayudar a otros en sus dolencias. Y todo ello hecho en un estado de plena consciencia.

2. Pueden utilizarse a voluntad una vez que uno adquiere dominio de ellos mediante técnicas específicas y mucha práctica en la mayoría de los casos.

Vamos a referirnos a estos poderes en cuanto se relacionan con el arte de curar, dejando a un lado toda su correspondencia con la fenomenología paranormal, ya que la raíz profunda de las curaciones extraordinarias y de los hechos paranormales es en esencia la misma.

2
DE CÓMO ESTÁ HECHA LA MATERIA

Para comprender mejor lo que más tarde voy a decir, haré una rápida digresión para explicar la constitución de la materia, ya que es en ella en donde actúan esos misteriosos poderes que el ser humano tiene.

En un cuerpo humano tenemos sistemas que realizan una función (respiratoria, digestiva, etcétera). Estos sistemas constan de órganos diversos (en el sistema circulatorio o cardiovascular tenemos el corazón, venas, arterias, sangre, etcétera). Y algunos órganos están compuestos de diversos tejidos. Y cada tejido tiene un tipo determinado de célula... Siguiendo en nuestro buceo de la materia, nos encontramos con que las células están compuestas de partes muy diversas, pero todas estas partes están a su vez constituidas por elementos más pequeños llamados «moléculas». Sin embargo, en nuestro camino descendente de las células a las moléculas hemos atravesado una línea invisible, pero que es importantísima: la línea de la vida.

La célula es el último elemento (o si se quiere, el primero) en el que se manifiesta una cosa misteriosa llamada «vida». La molécula, mientras forma parte de la célula participa de la vida de esta, pero una molécula sola no tiene vida.[13]

Si seguimos buceando, de ahí para abajo ya nos salimos del campo de la biología y pasamos rápidamente al campo de la química, para caer enseguida en los abismos de la pura física atómica.

Los panoramas que los científicos están descubriendo en las profundidades de la materia son fascinantes. Auténticas constelaciones con sus soles, sus planetas, sus estrellas errantes, sus meteoritos y sus satélites. Aquí cambian los nombres y se llaman neutrones, electrones, positrones, taquiones, miones, neutrinos, fotones, rayos cósmicos, etc.

Las enormes diferencias que vemos en la superficie de la Tierra (rocas, mariposas, flores, agua, grama verde, metales, carne, etc.) van desapareciendo a medida que nos metemos a bucear en las profundidades de la materia, y nos encontramos con que todas las cosas (sean duras o blandas, vivas o muertas) están hechas de los mismos materiales: electrones, protones, neutrones... Lo único que hace que unas cosas sean diferentes de otras es la colocación diversa de esos mismos materiales. En el universo todo es cuestión de co-

---

[13] Naturalmente, esto no es tan simple, ya que entre la célula y la molécula hay elementos de los que se puede decir que en muchos aspectos demuestran tener vida propia (enzimas, hormonas, proteínas, aminoácidos). Prescindo por lo tanto de la composición y funcionamiento de la célula para no meternos en las maravillosas honduras de la biología. Pero estudiando, por ejemplo, las relaciones de las moléculas de ARN con las de ADN, u observando la increíble maestría con que se combinan los cuatro elementos básicos (carbono, hidrógeno, oxígeno y nitrógeno) para construir los veinte aminoácidos conocidos y la refinada discriminación que estos practican para producir las variadísimas proteínas que se necesitan para cada función, uno no puede menos de ver esa omnipresente inteligencia escondida en las entrañas de la materia.

locación y de forma. La geometría adquiere de nuevo una enorme importancia.

Pero he aquí que cuando ya pensábamos tocar fondo, al llegar al electrón nos encontramos con que muy probablemente los electrones, neutrones y demás partículas subatómicas solo sean quarks aglomerados en distintas proporciones, de modo que den por resultado las distintas subpartículas atómicas. Y de resultar cierta esa teoría de Murray Gell-Mann (hasta ahora solo probada a medias), tendríamos reducida toda la infinita variedad de objetos y cosas de nuestra naturaleza a un solo elemento constitutivo.

Y profundizando todavía un poco más, tendríamos que admitir que la energía que mantiene un quark unido a otro quark (que según las leyes físicas sería la energía más potente del cosmos) es todavía más sutil que el mismo quark que la produce. Por otra parte, sabemos que entre el núcleo de un átomo y los electrones que giran a su alrededor hay teóricamente un vacío total. Pero un vacío relativo, porque la física sabe muy bien que allí existe un campo de fuerza. ¿Y de qué están compuestos todos esos campos de fuerzas «vacíos» que constituyen la mayor parte del espacio cósmico?

Al llegar aquí, la mente humana se pierde. Parece que nos han puesto una barrera para que no sigamos «curioseando». Da la impresión de que alguna fuerza superior ha puesto límites a nuestro cerebro para que no se meta en cosas que no le pertenecen.

Y aunque perplejos ante esa puerta cerrada de la naturaleza, la humanidad es capaz de manipular la materia de una manera sencillísima.

Este ha sido el secreto conocimiento que durante siglos han tenido (aunque de una manera muy confusa y distorsionada) personas privilegiadas. Y este es el conocimiento que en nuestro tiempo un genio sencillo y humilde llamado José Silva ha sido capaz de describir, sistematizar y poner al servicio de la humanidad.

3

DESVELANDO EL MISTERIO

José Silva nos dice: «Hay tres cosas que afectan la materia viva a un nivel subatómico. Estas tres cosas son: 1) la forma piramidal; 2) la energía electromagnética pulsando a 10 ciclos por segundo; y 3) la mente humana».

A mi manera de ver, este postulado de José Silva es el más grande descubrimiento que ha hecho la mente humana. Los amantes de la Biblia bien podrían ver cumplido en este descubrimiento, o mejor dicho, en la realidad que entraña, la frase del Salmo 82, más tarde repetida por Cristo y referida a las personas: «Yo dije: sois dioses».

Si el ser humano es capaz de dominar con su mente la materia de una manera tan fundamental, en realidad se convierte en un dios. No se convierte; lo único que hace es descubrir lo que es en realidad: una chispa de Dios; pero una chispa muy apagada y muy sofocada por todos los complejos que los doctrinarios y los fanáticos le han ido imponiendo a lo largo de muchos siglos. Romper hoy día este condicionamiento milenario no es tarea fácil, aunque sería la labor más beneficiosa que uno podría hacer por la humanidad.

Otro de los hombres que intuyó más de cerca esa enorme verdad y que la dejó plasmada en su originalísimo libro *Piense y hágase rico* fue Napoleon Hill. En él, le da vueltas de muy diversas maneras a estas mismas ideas, aunque hay que confesar que lo hace sin la claridad y el orden con que más tarde las enunció José Silva. Pero Napoleon Hill no solo cayó en la cuenta de que la mente humana es capaz de influir en esta prima materia que penetra todas las cosas, sino que intuyó también que esa prima materia es también energía en cierta manera inteligente. Por lo tanto, al ponerse la mente en contacto con ella, no solo adquiere nuevas ideas, sino que adquiere la capacidad de convertir los deseos en hechos y hasta en objetos materiales. He aquí uno de los muchos párrafos al respecto que se podrían citar de Hill:

> Todo cuanto el autor sabe es que hay una Fuerza o una Primera Causa o una Inteligencia que atraviesa cada átomo de materia y abraza cada unidad de energía perceptible al hombre; y que esa Inteligencia Infinita convierte las bellotas en encinas, hace que la noche siga al día y el invierno al verano, ocupando cada uno de estos fenómenos naturales su lugar adecuado con respecto al otro. Esta Inteligencia, mediante esta filosofa que aquí describo, puede ser inducida a ayudar en la transmutación de deseos a su forma material. El autor sabe de esto porque lo ha experimentado.

Y en otra parte:

> Cuando la acción cerebral ha sido estimulada mediante uno o más de los diez estimulantes que aquí propongo, posee la virtud de elevar al individuo muy por encima del horizonte de pensamiento ordinario y le permite contemplar la distancia con una claridad de pensamiento imposible de lograr en un plano inferior.

4

NUESTRO CEREBRO ES LA CLAVE

Hoy es ya de dominio público que el cerebro humano emite as ondas con las que puede influir y conectarse con esta energía-inteligencia que constituye el *substratum* de todo el mundo material y que llena los aparentes y enormes vacíos del universo.

Pero José Silva fue capaz de traducirlo de una manera concreta y útil al estructurar toda una técnica sencilla, de modo que este principio genérico fuese fácilmente utilizable en nuestras vidas diarias y concretamente pudiésemos utilizar esta formidable capacidad de nuestros cerebros para conservar nuestra salud y para repararla cuando la hubiésemos perdido.

El cerebro puede influir en esta materia-energía, aunque para ello tiene que estar en unas condiciones específicas que no son las normales en que él se encuentra durante el día.

El gran mérito de José Silva es haber vulgarizado más que ningún otro investigador el famoso «nivel Alfa», es decir, un estado del cerebro en que este se encuentra vibrando a 10 Hz o ciclos por segundo. Y es precisamente en ese estado (que no es el estado normal del cerebro humano mientras estamos desarrollando nuestras actividades diarias) cuando el cerebro tiene la portentosa capacidad de la que hablamos antes.

Y aquí quiero hacer un paréntesis para comentar un fenómeno altamente intrigante al que la ciencia (a pesar de conocerlo) no le ha prestado casi atención. Me refiero al hecho de que una gran región de la atmósfera que nos rodea (en concreto desde la superficie de la Tierra hasta el comienzo de la ionosfera, a unos ochenta kilómetros de altura) está constantemente pulsando a razón de 10 Hz, es decir, exactamente igual que el cerebro humano cuando está en el nivel Alfa, e igual que los ciclos a los que tiene que pulsar la energía electromagnética para poder influir en la materia a un nivel subatómico.

Los científicos no saben de dónde procede esa vibración que captan perfectamente con sus aparatos y que envuelve toda la Tierra como si fuese el latido del corazón de nuestro planeta.

Ante un hecho tan curioso, a uno inmediatamente se le ocurren varias preguntas: ¿es la frecuencia del nivel Alfa un esfuerzo del cerebro humano por adaptarse a la frecuencia de la atmósfera que nos rodea, o, por el contrario, es esta misteriosa frecuencia de la atmósfera el resultado del latido de todos los cerebros humanos cuando están en el cenit de su funcionamiento? ¿Y no será esta la razón por la cual, cuando el cerebro está en nivel Alfa, se conecta más fácilmente con otros cerebros y es al mismo tiempo capaz de captar información totalmente desconocida y de una manera extrasensorial?[14]

Dejo estas preguntas flotando en el aire porque por ahora todavía no estamos capacitados para contestarlas. Pero todo es posible que llegue.

---

[14] En las muchas investigaciones que se han hecho acerca del estado de trance y acerca del estado cerebral de muchos psíquicos, místicos y médiums, se ha encontrado, casi sin excepción, que cuando producen fenómenos paranormales las ondas de sus cerebros están en el nivel Alfa.

Como todo lo referente a los diversos niveles de vibración del cerebro y a las técnicas específicas para sacarles el mejor provecho se encuentran perfectamente descritos en el libro de José Silva (*El método Silva de Control Mental*), remito al lector a su lectura y le aconsejo que haga un curso de Control Mental, en la seguridad de que si lo hace como debe, será una de las cosas más útiles que habrá hecho en su vida.

Sin embargo, para no dejar al lector a medias, haré unas cuantas reflexiones relacionadas con la salud y la felicidad de la vida, haciendo hincapié en todo lo que se refiere a las curaciones y autocuraciones.

A mi manera de ver, la combinación de los métodos y técnicas de Silva y Hill producen excelentes resultados. Aunque aparentemente Hill dirige sus técnicas a la consecución de riquezas como medio para obtener otras cosas, él mismo repite en varias partes de sus escritos que hay que entender «riqueza» no solo como la acumulación de dinero, sino de una manera más amplia. La salud es también una riqueza. De modo que donde él dice «riqueza», el lector puede cambiarlo por «salud» o por otro valor cualquiera con el que pueda enriquecer su vida.

La verdad fundamental en ambos métodos es que el cerebro o la mente humana tienen la capacidad no solo de evitar cualquier enfermedad (por supuesto también la tienen de causarla y de hecho casi todas las enfermedades son autoinfligidas por los malos hábitos mentales), sino de curarla (sea cual sea esta), tanto en uno mismo como en los demás.

Esta es la verdad fundamental. Ahora bien, toda persona que quiera curar o curarse de algún mal mediante el uso de su cerebro debe atenerse a las siguientes premisas:

1. Desintoxicar su mente de todos los condicionamientos que la sociedad le ha ido echando encima desde que

nació, y rechazar todo tipo de odio, amargura, temor, desesperación o derrotismo.

2. Desear conseguir firmemente la salud o lo que se proponga, ya que un enfermo que no quiere vivir se muere irremediablemente, mientras que uno que haya comenzado a recibir cualquier tratamiento solo por complacer a sus familiares, y aunque no aliente un positivo entusiasmo por la vida y la salud, tiene muchas más posibilidades de curarse.

3. Estar totalmente convencido de que, con lo que va a hacer, logrará indefectiblemente su salud. Es decir, debe tener una fe absoluta en el poder de la mente. Algo así como la seguridad que uno tiene de que, cuando suelta un objeto pesado desde una ventana elevada, el objeto comienza a caer. Todos estamos absolutamente convencidos de la ley de la gravedad, pero muchos de los que se someten a este tipo de tratamiento no están convencidos de que el cerebro humano tenga tan increíbles poderes, y esto mina por la raíz todo el tratamiento y hace que los resultados sean flojos.

4. Usar las técnicas adecuadas.

En los tres primeros puntos, Hill es más enfático y más explicativo; pero en cuanto a este cuarto punto, es decir, el que se refiere a las técnicas, José Silva es más original y más certero y eficaz, sobre todo en lo que se refiere a la curación de enfermedades, ya que parte de sus técnicas se dirigen específicamente a esto, mientras que las de Hill lo tratan solo tangencialmente. En ambas técnicas tiene una gran importancia la autosugestión, que es una manera muy eficaz de ayudar a la incredulidad de la mente, tan condicionada por los malos ejemplos y enseñanzas que ha recibido desde la primera infancia.

5

EL NIVEL ALFA

Algo de importancia fundamental en el método Silva es la destreza en entrar rápidamente en el nivel Alfa y mantenerse en él mientras se practican las técnicas encaminadas a la consecución de la salud. Hill parece que no descubrió esto de una manera tan clara, sin embargo, se ve en varias partes de sus escritos que él se daba cuenta de que la mente tenía que estar en un estado especial. Curiosamente, él dice hablando del cerebro: «Cuando la mente es estimulada a un alto grado de vibración, está más receptiva al pensamiento que llega hasta ella desde fuentes exteriores». Aunque la verdad es lo contrario, sin embargo se ve claramente que él intuye que el cerebro tiene que modificar su estado normal de funcionamiento si quiere entrar en ese nivel en que comienza a tener más poderes.

¿Y qué es el nivel Alfa?

Imaginemos a alguien navegando en un yate en alta mar. En realidad, a pesar de estar en alta mar, su contacto con el agua es meramente superficial; se limita a deslizarse por su superficie, pero no tiene idea de que tal vez en ese momento tiene tres o cuatro kilómetros de agua debajo de su casco.

Imaginémonos que ese mismo yate recibe un gran golpe de mar que le abre una vía de agua, se inunda en pocos minutos y comienza a hundirse rápidamente. Imaginémonos cómo va descendiendo verticalmente a través de varios kilómetros de agua, cayendo al abismo cada vez más oscuro. Por fin llega al fondo y se detiene. Ya no se mueve más, y cesa en él toda vida.

Si comparamos esto con los niveles de vigilia y de sueño y con las diversas frecuencias a las que trabaja nuestro cerebro, tendremos que cuando el yate está en la superficie, asomado al espacio, está en un nivel Beta. (Cuando el cerebro está en el nivel Beta vibra a razón de unos 20 Hz o ciclos por segundo, y está muy alerta a todo lo que sucede alrededor de él. Es el estado normal de vigilia en el que desarrollamos nuestras actividades diarias). Cuando el yate comienza a hundirse y desciende rápidamente a través de grandes masas de agua, el yate estaría en el nivel Alfa. Cuando llegase a un kilómetro de profundidad, entraría en otro nivel llamado Theta. Finalmente, cuando ya estuviese cerca del fondo, estaría en el nivel Delta.

Como ya dijimos, en el nivel Alfa el cerebro late a razón de unos 10 Hz; en Theta a unos 5-6 Hz; y en Delta, entre 0 y 4 Hz. Cuando el cerebro está en Theta o en Delta, el individuo está inconsciente, dormido o anestesiado, mientras que el estado o nivel Alfa se da de una manera natural cuando estamos a punto de dormirnos o estamos saliendo del sueño.

Volvamos a nuestra comparación para explicarnos qué sucede con los niveles de sueño. Un individuo llega cansado a su casa, se quita la ropa y se tumba a dormir. Cierra los ojos, entra enseguida en un estado de sopor y a los cinco minutos está dormido. Es decir, ha estado todo el día en el nivel Beta, ha pasado rápidamente por el nivel Alfa (unos escasos cinco minutos) y se va a pasar siete u ocho horas en los estados Theta y Delta. Por la mañana se despertará y muy probablemente abrirá enseguida los ojos. Se levantará enseguida presuroso y comenzará a vestirse. Es decir, que ha pasado de nuevo rápidamente por el estado Alfa para volver a estar todo el día en Beta.

Una de las técnicas de control mental consiste en hacer entrar a alguien repetidas veces en el nivel Alfa, con la particularidad de que cada vez que entra, lo hace más profundo. Al cabo de haber repetido cinco veces consecutivas lo mismo, uno sospecharía que a la próxima entraría irremediablemente en el nivel inferior Theta y comenzaría a quedarse dormido. Sin embargo, no es así.

La mayor originalidad del método Silva consiste precisamente en lograr extender y profundizar nuestra estancia en el nivel Alfa, en el que uno no pierde la conciencia. Aplicando el símil del yate a lo que el método Silva hace, tendríamos que el yate quedaría suspendido a media profundidad, cuando todavía está a dos o más kilómetros del fondo y cuando puede observar mejor que desde ningún sitio qué sucede realmente en las profundidades del mar, ya que estaría colocado en medio de aquella montaña de agua; no en el fondo (en el nivel Delta del sueño), desde donde no se puede ver nada por la oscuridad (o por la falta de consciencia en el sueño) ni en la cima, desde donde no se puede ver nada debajo de la superficie (lo mismo que cuando nuestro cerebro está en el nivel Beta, en plena consciencia, no puede captar ciertas informaciones más sutiles y profundas que llegan no precisamente por las vías de los sentidos).

A pesar de que el nivel Alfa, en las cartas de los niveles de consciencia, aparece estrecho en relación con el nivel Beta, tiene mucha profundidad y por eso uno puede penetrar en él hasta niveles profundos sin caer en la inconsciencia del sueño. Lo malo es que la naturaleza nos hace pasar por él muy rápidamente, lo mismo que el yate no se detiene en su camino hacia el fondo. En cierta manera es una mala jugada que nos hace la naturaleza, pues nos priva de un sinnúmero de informaciones y conocimientos que la mente es capaz de recibir en ese estado, y nos priva de muchas otras comunicaciones que el cerebro es capaz de establecer cuando está vibrando a diez ciclos por segundo.

Lo mismo que el yate no puede detenerse a mitad de la caída, la mayor parte de la gente, por no conocer esta maravillosa cualidad del cerebro en el nivel Alfa, no se detienen a la hora de dormirse o de despertarse, perdiendo la ocasión de poner a trabajar al cerebro en su propio beneficio. (Por eso es muy conveniente tratar de alargar lo más posible ese estado de duermevela antes de dormirnos y no abrir inmediatamente los ojos cuando uno se despierta, manteniéndonos en ese mismo estado y haciendo trabajar entonces a la mente, valiéndonos sobre todo de la imaginación, para plantear y resolver los problemas del momento).

Cuando dijimos que la mente humana era uno de los tres factores capaces de influir en la materia viva a niveles subatómicos, no especificamos que únicamente es capaz de hacerlo cuando el cerebro está en nivel Alfa, es decir, vibrando a 10 ciclos por segundo. En el método Silva de Control Mental se enseñan las técnicas mejores para conseguir lo que se quiere, sea información, sea programación de la conducta de otros, sea la curación propia o de alguien, cercano o a distancia. Todo esto lo puede hacer un cerebro cuando sabemos usarlo como es debido. Y todo esto se ha perdido la humanidad hasta ahora por ignorarlo o por no permitir que se supiera.

Al ser el cerebro capaz de agitar o remover los cimientos de que está hecha la materia (y en nuestro caso, los tejidos enfermos), hace que estos se renueven, se regeneren, se vuelvan a configurar o a armar desde sus cimientos, conforme a los moldes perfectos de nuestros cuerpos electromagnéticos.[15]

Las curaciones realizadas con esta técnica varían en cuanto a la velocidad con que se logran. Hay que tener en cuenta que algunas enfermedades o dolencias son superficiales o meramente funcionales; es decir, los órganos están bien, pero no funcionan debido a deficiencias nerviosas o de otra índole. En otros casos los órganos y hasta los sistemas están dañados (tumores, atrofias, etc.), y entonces el remedio tiene que ser mucho más radical, puesto que primero habrá que destruir lo que hay y volver a construir de nuevo, modificando para ello la estructura molecular o atómica.

El lector recordará que al principio de este capítulo dijimos que además del cerebro había otras dos cosas que eran capaces de estimular la materia a un nivel subatómico. Las otras dos cosas eran la energía electromagnética pulsando a 10 Hz y la forma piramidal.

Todo esto ha sido corroborado por infinidad de experimentos que cualquiera puede hacer en su propia casa, ya que son facilísimos de realizar.

Acerca de las pirámides se ha escrito mucho, y aunque nunca falta gente con una imaginación un poco calenturienta que exagera las cosas, está fuera de toda duda que la forma piramidal tiene unos efectos curiosísimos. Estos efectos (que hasta hace pocos años eran totalmente desconocidos por el gran público) pueden ser de una gran ayuda para la conser-

---

[15] La ciencia se va acercando lentamente a «moldes electromagnéticos» cuando nos dice que el ADN es el «plan maestro» para toda la vida del cuerpo. El día en que podamos descodificar la espiral del ADN de un embrión de tres días seremos capaces de saber con exactitud cómo va a ser el cuerpo del niño y hasta las inclinaciones de adulto. Pues bien, ese «patrón» o «molde electromagnético» ha sido la causa inmediata de que los seis componentes del ADN se hayan colocado en el orden preciso que tienen en la espiral.

vación y restauración de la salud humana cuando se usan las técnicas apropiadas. El lector las podrá encontrar en los libros que tratan específicamente de este tema.[16]

Menos conocido es el efecto producido por la energía electromagnética pulsando a 10 Hz. Sabemos que el polo sur o positivo de un imán hace crecer cualquier cosa o la fortalece (incluso un tumor), mientras que el polo norte o negativo inhibe el crecimiento. Pues bien, el gran avance en este campo ha sido el descubrimiento de que esta misma energía electromagnética pulsando a 10 Hz se comporta de una manera totalmente diferente. Aunque tal vez sería equivocado decir que se comporta de modo inteligente, en la práctica es así, porque tiene la capacidad de activar esa prima materia o caldo primigenio subyacente en toda la materia del universo y presente hasta en los vacíos interestelares. Y esa prima materia es pura consciencia y pertenece de alguna manera al reino del espíritu.

Sin embargo, los científicos inteligentes ya van cayendo en la cuenta de que en el universo hay muchos secretos que no están en sus manuales, y por eso de vez en cuando nos encontramos con noticias como esta, tomada de la *Revista Española de Electrónica* (junio de 1978):

La utilización de campos magnéticos artificiales asegura éxitos terapéuticos en el 90% de los casos. La influencia de las fuerzas electromagnéticas sobre las personas ha sido repetidamente comprobada. Parecen confirmadas las hipótesis según las cuales débiles campos de energía entran en actividad (electromagnética y homeopáticamente) como controles efectivos

---

[16] Véanse Max Toth y Greg Nielsen, *El poder mágico de las pirámides*; y Emilio Salas y Román Cano, *El poder de las pirámides 2*, publicados por Ediciones Martínez Roca, Barcelona.

si se inician a un nivel y a una frecuencia efectivos desde el punto de vista biológico. La electrónica aplicada a la medicina ha permitido obtener una serie de datos sobre los procesos bioeléctricos en el cuerpo humano.

Entre los muchos fenómenos observados y medidos se halla el efecto de las frecuencias situadas en la región de los 10 Hz. Las personas en su evolución se han adaptado a estas denominadas «biofrecuencias» que se encuentran en el espacio comprendido entre la Tierra y la ionosfera y modulan el campo electrostático. Depende de la intensidad y de la forma en que se manifiestan estas biofrecuencias para que cada organismo (en el grado en que es sensible a las mismas) se halle en perfecto estado o sufra molestias más o menos acentuadas. La realización de electroencefalogramas permite observar la presencia de tales biofrecuencias durante los períodos de descanso de las personas. Cuando tales parámetros se provocan artificialmente, una persona puede experimentar notable mejoría.

El doctor Ludwig, de la República Federal Alemana, afirma que mediante la utilización de campos electromagnéticos artificiales ha obtenido éxitos en tratamientos terapéuticos en el 90% de los casos. Con campos magnéticos débiles, modulados con frecuencias de 10 Hz, se han logrado curaciones y soldaduras en fracturas óseas.

Otros experimentos han logrado que los escolares hayan conseguido una mayor capacidad de concentración en el estudio y unos resultados más brillantes respecto a los no sometidos a esta experiencia. Asimismo, se ha conseguido aumentar la resistencia inmunológica del organismo humano sometiéndolo a la influencia de dichos campos electrostáticos.

Hasta aquí la larga cita en la que, velado con un lenguaje un tanto ampuloso, la ciencia oficial se digna a hacerse eco de los extraños hallazgos.

Lo que la ciencia oficial admite poco a poco y con cierta displicencia, José Silva lo pone a funcionar a un nivel popular y práctico en forma de un simple casete en el que hay grabado un repiqueteo monótono de 10 Hz. Como la grabadora tiene necesariamente un imán como parte de su mecanismo, bastará con ponerla sobre la parte afectada para que esta se halle en un campo electromagnético pulsante a 10 Hz.

Esta es una de las muchas técnicas que se enseñan en el Curso Superior de Control Mental, dedicado principalmente a desarrollar la capacidad de curar que todos tenemos.

6

REIVINDICANDO
LA MEDICINA TRADICIONAL

Reflexionando sobre algunos hechos y técnicas practicados hoy por médicos de mente abierta y en círculos científicos de «medicina integral» u holística (acerca de los cuales hemos hablado a lo largo de este libro), nos encontramos con todos los clásicos y milenarios ingredientes de la medicina popular de todos los tiempos.

Si bien hoy día vemos a doctores dando pases con las manos a lo largo del cuerpo de los pacientes, lo curioso es que no solo aparecen de nuevo los «pases», sino que vemos aparecer también el agua «energetizada» (desde el agua bendita a la entrada de nuestras iglesias hasta los vasos de agua de los espiritistas, la «casta hermana agua» ha estado siempre presente como elemento principal en las liturgias santeras, mágicas o religiosas). Vemos aparecer a los «guías espirituales» (en nuestros tiempos Hill nos habla de ellos nada menos que en sus técnicas para hacer dinero y Silva los tiene presentes en sus «laboratorios mentales»), y hasta el rítmico y monótono tamborileo de las tribus primitivas, danzando durante horas al son de canturreos interminables hacen hoy discreta presencia en el seco tableteo del casete batiendo a 10 ciclos por segundo y en la repetición incesante y sonora de los mantras de la meditación trascendental, que ha resultado tan beneficiosa para muchas personas.

Pero hoy sabemos ya que no son los espíritus ni los demonios los que causan todos esos raros efectos en las cosas y en nuestros cuerpos, sino las ondas eléctricas y los campos de energía que nuestro cerebro produce.

Y no negamos a Dios; solamente intentamos conocer mejor su maravilloso universo.

Por eso es vergonzoso que a esas alturas los fanáticos religiosos con jerarquía sigan metiendo miedo en el cuerpo de sus súbditos acerca de todas esas cosas, como hace el teólogo protestante Gordon R. Lewis, que en su libro *Lo que todos deben saber sobre la Meditación Trascendental* dice a sus atemorizadas ovejas que no practiquen la meditación trascendental porque «no está de acuerdo con la Biblia y es una treta disimulada de Satanás» (¿?). Ese mismo dogmatismo abusador y obtuso fue durante muchos siglos el causante de que las mentes de los cristianos no evolucionasen más aprisa. Todo lo desconocido por el magisterio era por lo menos peligroso. Y el infalible y divinamente inspirado magisterio lo desconocía casi todo.

Desconocía y sigue desconociendo que Dios no es un ente personal hecho a nuestra imagen y semejanza, presto a la ira y señor de los ejércitos, sino una pura inteligencia en la insondable profundidad de Sí Mismo (donde no llegan las mentes de los teólogos), y que llena con una latente omnipresencia todo el cosmos infinito, manifestándose pasajeramente en todas las criaturas de la naturaleza.

7

ENTENDIENDO LOS MILAGROS

Esta chispa de Dios, que es nuestra mente y que late en nuestro cerebro, es la que le confiere la maravillosa capacidad de curar todo el cuerpo y de trascender fuera del propio cuerpo. No como un don especial, sino como algo completamente natural, con tal de que se cumplan ciertas condiciones. Lo mismo que todas las personas pueden nadar con tal de que cumplan la condición esencial de desarrollar ese don latente.

Y concibiendo así a Dios y concibiendo así nuestro cerebro, no tenemos que extrañarnos de que este tenga un cierto tipo de omnipotencia cuando está conscientemente conectado con la raíz profunda de sí mismo que es esa latente omnipresencia de Dios en todo el universo. Una presencia que puede llamarse física.

Y por eso tampoco debemos extrañarnos de los milagros que logra la oración en todas las religiones. Cuando el ser humano dirige sus oraciones hacia Dios (sea cual sea su idea de Dios), conecta su cerebro con la Gran Inteligencia, y esto lo habilita eventualmente para liberar sus propias facultades, capacitándolo para conseguir las cosas difíciles o «imposibles» que desea.

El premio Nobel Alexis Carrel nos dice:

La oración es una fuerza tan auténtica como la fuerza de la gravedad. Como médico, he visto a personas totalmente desahuciadas por la medicina superar su enfermedad y su melancolía mediante el sereno esfuerzo de la oración. Solo con la oración es capaz el ser humano de conseguir ese ensamblamiento armonioso de su cuerpo, de su mente y de su espíritu que le dan una fortaleza invencible.

Sin embargo, los condicionamientos mentales que nos han impuesto desde la niñez hacen que esta innata tendencia que las personas tenemos a orar (a buscar las raíces hondas y las causas de la vida) acabe convirtiéndose en cadenas para la mente, atándola a creencias erróneas, limitadas y traumatizantes.

Cuando un médium en trance o cuando un convulso pentecostal o carismático logra una curación allí donde los médicos habían fracasado, gritará lleno de júbilo para alabar a Jesucristo, al espíritu-guía o al Espíritu Santo. ¿Quién será capaz de convencerle de que ninguno de los tres ha sido el causante de la curación, sino únicamente su cerebro, que por un momento pudo liberar sus propias energías al sintonizarse (gracias a la oración) con la Gran Energía Inteligente?

Los doctrinarios de todas las religiones y sectas han bautizado desde siempre a esta Gran Energía Inteligente con mil nombres y la han adornado con todas las cualidades y defectos que su fanatismo les ha dictado. Estos doctrinarios son los únicos responsables del prolongado combate que en las mentes de millones de cristianos los espíritus-guía libran contra el Espíritu Santo.

Esta capacidad de nuestra mente (a través del cerebro) es de tal poder que, aun siendo activada por ideas erróneas y disparatadas, puede lograr efectos a todas luces «imposibles».

En Appalacchia, al este de Estados Unidos, hemos visto funcionar ese increíble poder de la mente humana en un ambiente de furibundo fanatismo cristiano. Una ceremonia fundamental de los servicios religiosos de la pequeña comunidad local protestante consiste en beber veneno (en concreto estricnina) y en agarrar con sus manos serpientes venenosas que tienen allí mismo en el templo encerradas en cajas. La estricnina y las serpientes son para aquella gente objetos litúrgicos, ya que los usan prácticamente en todos los servicios religiosos. El pastor va llamando desde su estrado a los feligreses y, como si les repartiese la comunión, les da a beber el veneno o les manda coger alguna de las serpientes. Una mujer de unos 40 años afirmó con toda tranquilidad que a lo largo de su vida ella había bebido «no menos de quince litros de estricnina».

¿La razón de esa locura? Cumplir, al pie de la letra (no hay que olvidar que son fundamentalistas), la frase que leen en la Biblia, al final del evangelio de San Marcos: «A los que creyeren les acompañarán estas señales: agarrarán las serpientes con sus manos, y aunque beban veneno, no les hará daño». Y de hecho, a pesar de los muchos años que hace que practican tal aberración, y a pesar de las cicatrices que pude ver en los brazos de varios, solamente hay el recuerdo de una muerte. (Por supuesto, para gente de mentalidad tan cerrada no falta una explicación «bíblica» para esa muerte; y en caso de que no la hubiese, Satanás se encargaría de pagar los platos rotos).

La causa básica de semejantes hechos «imposibles» es la misma que actúa en las curaciones por la fe y la misma que actúa en muchos otros hechos paranormales: la mente humana activada (no importa con qué mecanismos) haciendo una demostración de su dominio sobre la materia.

Mi consejo al lector será decirle que, sin menospreciar todos los indudables avances que la medicina académica ha hecho en los últimos tiempos, y usándolos en todo lo que tienen de beneficioso, sepa que, en último término, el que nos va a curar de nuestras enfermedades es nuestro propio yo, nosotros mismos, siempre que seamos capaces de aprender a utilizar todos los poderes de nuestra mente.

Y en vez de estar haciendo caso a todos los agoreros que cada mes encuentran un nuevo producto cancerígeno (yo estoy esperando el momento en que nos digan que la leche materna también produce cáncer), mucho más importante resulta limpiar la mente de los torrentes de negatividad que nuestra desquiciada sociedad intenta meternos cada día en el alma, porque este mundo, a pesar de todas sus miserias y penalidades, es todavía un mundo hermoso...

Lo más difícil de lograr en este método de autodefensa contra todas las enfermedades y de autocuración es convencerse uno mismo de que nuestra mente es capaz en primer término de evitar que nos pongamos enfermos y, en segundo término, de curarnos cuando, por haberla usado mal, hemos perdido la salud.

Una vez conseguido este firme convencimiento, lo demás es sencillo y hasta agradable cuando uno le coge el gusto y siente los beneficios que le acarrea al cuerpo y a la mente. Es conveniente:

1. Saber relajarse y hacerlo todos los días por lo menos dos veces.
2. Poner a trabajar la mente en beneficio propio, usando sobre todo ese gigante dormido que tenemos ocioso o que utilizamos únicamente para torturarnos, es decir, la imaginación.

3. Por último, aprender y practicar las sencillas y eficaces técnicas para que seamos capaces de producir y de transmitir la energía de nuestra mente tanto a nuestro propio cuerpo como a los cuerpos de nuestros semejantes.

Después de haber estudiado muchas escuelas de pensamiento que más o menos tienden a lo mismo (la evolución de la mente y la superación integral del ser humano), creo que la filosofía y las técnicas de José Silva de Control Mental son las más sencillas y las de mayor utilidad para nosotros en nuestro tiempo.

Vivamos con optimismo y con alegría. Somos hijos del universo y tenemos derecho a estar donde estamos.

Y me despido de ti, lector, con esta cita de Marco Aurelio, demostrativa de que ya en el siglo II él intuía todas estas grandes verdades:

Piensa siempre que todo el universo es un ser viviente, compuesto de una sola sustancia y con una sola alma. Y piensa que todas las cosas nos llevan a esta consciencia universal única.

DEL MISMO AUTOR

Descubre todas las reediciones de las obras actualizadas y revisadas de Salvador Freixedo en **https://ushuaiaediciones.es**

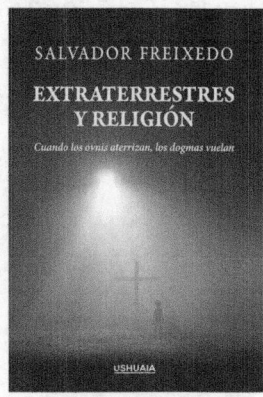

Extraterrestres y religión

¿Vamos hacia una nueva religión que incluya el fenómeno ovni?

Defendámonos de los dioses

¿Quién hay detrás de las religiones?

Teovnilogía

Una reflexión acerca del origen del mal en el mundo

La amenaza extraterrestre

¿Quién mueve los hilos del destino?

¡Mi Iglesia duerme!

Un libro no apto para católicos satisfechos, con material inédito

El diabólico inconsciente

Edición conmemorativa 50.º aniversario

PUEDEN INTERESARTE

Biblioteca Mysteria

Esta colección reúne obras olvidadas, ensayos y testimonios que exploran los límites entre lo visible y lo invisible: esoterismo, fenómenos sobrenaturales, misterios históricos y experiencias del espíritu.

El libro de las brujas
*La extraordinaria
historia de la brujería*

Oliver Madox Hueffer

Misterios desvelados
*Un viaje de revelación
y despertar interior*

Godfre Ray King

Jesús, el último...
*La revelación de un
saber perdido*

Édouard Schuré

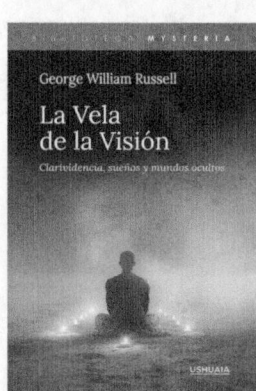

La Vela de la Visión
*Clarividencia, sueños
y mundos ocultos*

George William Russell

Otros mundos...
*Historias reales
del otro lado*

Frederick George Lee

La Comunidad Secreta
*Duendes, hadas, elfos
y otros seres*

Robert Kirk

NOVEDAD EDITORIAL

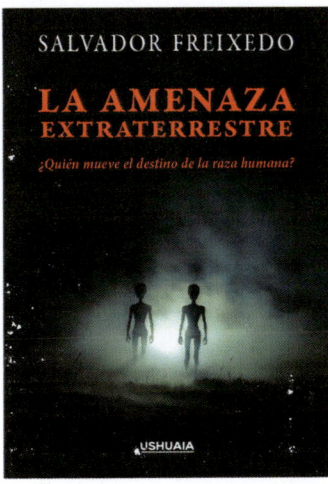

LA AMENAZA EXTRATERRESTRE

¿Está la historia del ser humano dirigida por entidades extraterrestres? ¿Hay élites que lo saben y lo ocultan, movidas por sus intereses?

Salvador Freixedo

Colección **Misterio** | Ushuaia Ediciones
ISBN **978-84-19405-28-9**
Encuadernación **Rústica con solapas**
Medidas **15x23** Páginas **316** P.V.P. **18,00 €**

9 788419 405289

En este libro, uno de los más célebres de Salvador Freixedo, se detallan algunas atrocidades que ciertos seres alienígenas han cometido contra la especie humana, con el beneplácito de las grandes autoridades del planeta. El engaño, el crimen, es triple: han encubierto unos hechos transcendentales, los han utilizado para conseguir tecnología bélica y han apartado a personas que podían haber sacado todo esto a la luz.

En estas páginas se habla también de la labor de algunas sociedades o grupos secretos y selectos, que desde la prepotencia y las sombras, y con tecnología desconocida por la ciencia oficial, han modificado las bases por las que se regía la humanidad. Su objetivo: hacerse con el dominio del planeta e instaurar una tiranía mundial.

A pesar de que la primera edición de este libro se publicó hace más de treinta y cinco años, el fenómeno de los no identificados —y las entidades que se encuentran tras él— sigue siendo uno de los enigmas más inquietantes y encubiertos de la historia de nuestra humanidad.

La amenaza extraterrestre forma parte de una trilogía que se completa con *La granja humana* y *Defendámonos de los dioses*. Los tres libros, publicados por primera vez hace más de treinta y cinco años, se han convertido en obras de referencia del autor y de la ufología mundial.

Libro disponible en librerías y en **WWW.USHUAIAEDICIONES.ES**